반갑다, 논리야

이야기로 익히는 논리 학습 ❶

위기철 지음 | 김우선 그림

사계절

이 책을 읽는 독자들에게

우리는 생각을 많이 합니다.

학교 가는 길에도 생각을 하고, 집에 오는 길에도 생각을 하고, 친구들과 이야기하면서도 생각을 하고, 책을 읽으면서도 생각을 하고, 일기를 쓰면서도 생각을 합니다.

그런데 우리는 늘 옳은 생각만 하고 살지는 않습니다. 잘못 생각하여 오해를 하기도 하고, 착각을 하기도 하고, 또는 뭐가 뭔지 혼동스러울 때도 있습니다.

이렇게 잘못된 생각을 할 때마다 여러분은 스스로가 한심하다는 생각도 들 것입니다. 하지만 잘못된 생각은 누구나 하는 것입니다. 어떤 사람도 언제나 올바른 생각만 하고 살 수는 없습니다.

그러나 되도록 옳은 생각을 많이 하고, 잘못된 생각을 줄일 수 있게끔 노력해야 합니다.

옳은 생각을 많이 하고 잘못된 생각을 줄일 수 있는 방법에는 여러 가지가 있습니다. 논리를 배우는 방법도 그 가운데 하나이지요.

이 책은 바로 논리를 배우는 책입니다.

여러분 가운데에는 이 책을 직접 골라서 읽는 사람도 있을 것이고, 부모님이나 선생님이 권해서 읽는 사람도 있을 것입니다.

어떻게 이 책을 읽게 되었든, 이 책에 흥미를 갖고 차근차근 읽어 나가 보세요. 이해하기 어려운 내용이 나오면 껑충 건너뛰어도 좋습니다. 재미있는 이야기만 쏙쏙 골라서 읽어도 좋습니다. 잘 모르거나 궁금한 점은 부모님이나 선생님께 여쭈어 보세요. 또는 저한테 직접 편지를 보내셔도 좋습니다.

이 책을 끝까지 읽고 나면 여러분은 다른 책에서는 배울 수 없던 많은 것들을 새롭게 알게 될 것입니다. 그것은 바로 '생각하는 방법'이지요.

이 책의 내용을 잘 익혀 두면, 여러분은 앞으로 살아가는 동안 반드시 이렇게 외칠 때가 있을 것입니다.

"고맙다, 논리야!"

글쓴이

부모님, 선생님께

1. 논리와 현실의 거리 좁히기

논리학은 '사고의 형식과 법칙'을 다루는 학문입니다.

그래서 논리학을 잘 익혀 두면 조리 있고 설득력 있게 말하거나 글을 쓰는 데 도움이 됩니다. 또 어떤 판단의 옳고 그름을 가르거나, 주장의 정당함을 입증할 때에도 논리적 사고 능력은 반드시 필요합니다.

이처럼 논리학은 여러모로 쓸모 있는 학문이지만, 많은 사람들은 논리학을 일상생활과 관계없는 골치 아픈 학문으로 여기곤 합니다.

논리학이 이렇게 우리의 일상적 사고와 멀어지게 된 데에는 "논리학은 판단의 내용을 다루지 않는다."는 형식논리학의 통념에도 적잖은 원인이 있을 것입니다. 실제로 현대의 기호논리학은 극단적으로 형식에 치우친 나머지, 모든 판단을 수학 공식과 같은 기호로 대치하기도 합니다. 그래서 논리학을 무슨 '허무맹랑한 말장난'이나 '까다로운 퍼즐 문제'처럼 여기는 사람들도 있습니다.

내용을 다루지 않는 논리학이 우리에게 낯설고 골치 아프게 느껴지는 것은 당연합니다.

이 책은 "논리학은 판단의 내용을 다루지 않는다."는 논리학 통념과는 정반대로, 판단의 내용에서부터 형식을 끌어내는 방법으로 서술했습니다.

이야기 속에 나타난, 또는 일상생활 속에 나타난 사고를 논리에 따라 차근차근 정리해 나가다 보면, 논리학도 그리 골치 아픈 학문만은 아님을 느낄 수 있을 것입니다.

이 책을 읽은 어린이들이 "논리적 사고는 일상생활과 결코 무관한 것이 아니다."는 사실만 깨닫는다면, 이 책의 목표는 일단 이루었다고 할 수 있을 것입니다.

2. 이 책을 학습하는 방법

이 책에서는 논리 학습을 위한 여러 가지 주제들을 한 이야기에 한 토막씩 다루었습니다.

그리고 이 토막들마다 '이야기'와 '도움말'과 '알아맞혀 보세요'를 넣었습니다. 물론 이 셋은 모두 하나의 주제를 학습할 수 있게 엮은 것입니다. '이야기'에서 느낀 점을 '도움말'에서 정리하고, '도움말'에서 정리한 것을 다시 '알아맞혀 보세요'에서 적용할 수 있게끔 배치했습니다.

그러니 '이야기' → '도움말' → '알아맞혀 보세요' 순서로 읽게끔 지도해 주십시오.

학년이 낮은 어린이 가운데에는 '도움말'을 어렵다고 느낄 수도 있을 것입니다. 이해 수준이 낮다고 해서, 학습에 지나친 부담을 느끼게 하지는 마십시오. '도움말'을 정 어렵게 느끼는 어린이는 그냥 '이야기' 부분만 죽 읽어 나가게 하여 일단 책에 흥미를 느끼게 해 주세요. 그리고 나중에 '도움말' 가운데 쉬운 부분부터 차근차근 다시 읽게 하면 좋을 것입니다.

'도움말'에는 어린이들한테 익숙하지 않은 개념들이 자주 나옵니다. 이 개념들은 무작정 외우게 하기보다는 그것이 어떻게 쓰이는지를 이해할 수 있게끔 하는 편이 좋습니다. (개념을 외우는 데 너무 부담을 느끼게 하는 것은 좋지 않습니다.)

‘알아맞혀 보세요’는 너무 싱겁다고 느낄 만큼 쉬운 문제들로 엮어 놓았습니다. 설사 ‘도움말’의 내용을 몰라도 상식적인 판단만으로도 충분히 풀 수 있는 문제이니, 부담 없이 풀어 보게 해 주세요.

　그리고 마지막으로 이 책을 어린이 혼자 읽게 하기보다는 어른도 함께 읽을 것을 권하고 싶습니다. 그래서 어린이들이 궁금해하는 점은 그때그때 막힘없이 풀어 주거나 토론하게 해 주십시오.

글쓴이 올림

차례

여러 판단들의 관계

당나귀를 팔러 가는 아버지와 아들

옛날 옛날에 아버지와 아들이 당나귀를 팔러 장에 가고 있었습니다. 아버지는 고삐를 붙잡고, 아들은 그 뒤를 졸졸 따라갔지요.

두 사람이 어느 주막 앞을 지날 때였습니다. 주막에 모여 있던 장사꾼들이 두 사람을 보고 하하하 웃었습니다.

"여보게, 저기 저 어리석은 사람 좀 보게. 당나귀를 타지 않고 힘들게 끌고 가고 있잖은가?"

"정말 어리석은 사람일세그려. 아마 저 사람은 당나귀를 상전처럼 떠받드는 모양이야."

"저렇게 어리석은 주인을 만나면 당나귀 팔자도 참 편할 거야. 우리 집 당나귀는 날마다 산더미 같은 짐을 싣고 다니는데 말야."

아버지는 이 말을 듣자 갑자기 창피해졌습니다.

15

‘정말 장사꾼들 얘기가 맞아. 당나귀는 원래 짐을 싣거나 사람을 태우는 동물인데······.’

아버지는 이렇게 생각하고 당나귀 등에 아들을 태웠습니다.

이렇게 얼마쯤 가다 보니 마을 정자가 나왔습니다. 정자에는 노인들이 앉아 쉬고 있었습니다. 노인들은 당나귀 위에 앉아 있는 아들을 보고 혀를 끌끌 찼습니다.

"저, 저런 고얀 녀석이 있나. 아버지는 힘들게 당나귀를 끌고 있는데, 아들이란 놈은 편안하게 당나귀를 타고 가다니!"

"요즘 젊은 애들은 버릇이 없어서 큰일이야. 통 어른 공경할 줄 모른다구."

"아비란 사람도 그렇지. 자식을 저따위로 가르쳐서야, 원."

아버지는 이 말을 듣고 다시 고개를 끄덕였습니다.

‘내가 아들놈 버릇을 망치고 있군. 어르신들 말씀이 옳아.’

그래서 아버지는 아들더러 내리라 하고, 자기가 당나귀 등에 올라탔습니다.

이렇게 얼마쯤 가다 보니 빨래터에 다다랐습니다. 빨래터에는 아기를 업은 아낙네들이 모여 있었습니다.

"아유, 가엾기도 해라. 저 조그만 아이가 이 뙤약볕을 맞으며 터덜터덜 걸어가고 있네."

"정말 못된 아버지야. 아들은 다리가 아프든 말든, 자기만 편하면 그만인 줄 아나 봐!"

16

"아들을 저렇게 부려먹고, 나중에 늙으면 아비랍시고 대접이나 받으려 들겠지? 흥!"

아버지는 얼굴이 새빨개졌습니다.

'아낙네들 말이 옳아. 저 조그만 녀석이 얼마나 다리가 아프겠어.'

아버지는 아들도 당나귀에 태웠습니다.

이렇게 얼마쯤 가다가 우물가를 지나게 되었습니다. 우물가에는 동네 아가씨들이 모여 수다를 떨고 있었습니다.

"어머머! 얘들아, 저것 좀 봐. 저렇게 조그만 당나귀에 두 사람이나 타고 있어."

"아이, 가엾어라. 당나귀가 힘이 들어 헉헉거리잖아? 인정머리라곤 눈곱만큼도 없는 사람들인가 봐."

"아마 당나귀 팔러 장에 가는 모양인데, 저러다간 장에 가기도 전에 죽어 버리겠어."

아버지는 또 생각을 바꾸었습니다.

'아가씨들 말이 옳아. 당나귀가 장에 닿기도 전에 힘에 부쳐 죽어 버리면 큰일이야.'

하지만 이제는 달리 방법이 없었습니다. 그냥 끌고 가도 안 되고, 아들만 태워 가도 안 되고, 아버지만 타고 가도 안 되고, 둘이 함께 타고 가도 안 되니 말입니다.

그때 어떤 사람이 지나가다가 아버지의 고민을 듣고 껄껄 웃

으며 이렇게 말했습니다.

"여보시오, 그러지 말고 아예 둘이서 당나귀를 짊어지고 가면 될 게 아니오? 정말 별것도 아닌 걸 가지고 다 고민을 하고 있구먼."

아버지는 무릎을 탁 쳤습니다.

"그래, 그것 참 좋은 방법이다. 애야, 이래도 안 되고 저래도 안 되니, 우리 아예 당나귀를 짊어지고 가자."

그리하여 아버지와 아들은 끙차끙차 당나귀를 짊어지고 걸어갔습니다.

그런데 다리를 건널 때였습니다. 당나귀가 갑자기 푸드득 하

고 버둥거렸습니다. 그 바람에 당나귀가 떨어져 다리 밑으로 풍
덩 빠져 버렸답니다.

도움말 자기 생각을 갖고 살자

여러분은 혹시 "자기 것으로 한다."는 말을 들어 본 적이 있나
요?

우리가 음식물을 먹으면, 그것은 우리 뱃속에서 소화가 되어
우리 몸에 맞는 영양분으로 바뀝니다. 만일 음식물이 우리 뱃
속에서 소화되지 않고 그대로 있다면, 아마 배탈이 나고 말 겁
니다.

음식물은 꼭꼭 씹어 잘 소화시켜야만 우리 몸을 튼튼하게 해
주는 영양분이 됩니다.

배움도 이와 마찬가지랍니다. 아무리 좋은 지식, 아무리 훌륭
한 말씀도 자기 것으로 소화하지 못하면, 생각을 알차게 하는 데
아무 쓸모가 없는 것이지요.

우리가 주위 사람들한테서 배우는 여러 가지 말들은 나름대
로 다 일리가 있는 말들입니다. 당나귀를 팔러 가는 아버지와 아
들이 여러 사람들한테 들은 말들도 다 나름대로 일리가 있는 말
들이잖아요?

장사꾼들 말도, 노인들 말도, 아낙네들 말도, 아가씨들 말도 아주 틀린 말은 아닙니다. 다만 그 말들을 자기 생각 없이 곧이곧대로 받아들인 게 탈이지요.

　　여러분은 아마 "논리적으로 따져 보자!"는 말을 많이 들어 봤을 것입니다.

　　그렇습니다. 우리가 무엇을 배울 때에는 언제나 논리적으로 따지고 가려서 들어야 합니다. 그 말은 틀리지 않았는가, 맞더라도 지금 나한테는 맞지 않는 것이 아닌가, 그러면 나는 그 말을 어떻게 받아들여야 옳은가……. 그래야만 남의 말을 곧이곧대로 받아들이지 않고 자기 것으로 만들어서 받아들일 수 있게 되는 것이지요.

　　자기 생각을 또렷이 가지고 사는 사람! 논리를 알차게 배워서 이런 사람이 됩시다.

　　자, 이제 논리가 무엇인지 차근차근 설명해 보겠습니다.

뿔 달린 사람

아주 오랜 옛날, 그리스에는 훌륭한 철학자들이 많았습니다.

여러분도 잘 알고 있는 소크라테스나 플라톤이나 아리스토텔레스 같은 분들도 그리스 철학자들입니다.

그런데 이런 훌륭한 철학자들이 있었는가 하면, 한편에서는 철학을 내세워 말장난이나 하는 엉터리 철학자들도 많았습니다. 이런 사람들을 '궤변론자'라고 합니다. '궤변'이란 앞뒤도 안 맞는 얘기를 그럴싸하게 꾸며 마치 맞는 얘기처럼 만든 주장을 말하지요.

이를테면 이런 식입니다.

어떤 궤변론자가 젊은 제자를 불러 놓고 물었습니다.

"만일 자네가 신발을 잃어버리지 않았다면, 그 신발은 자네한테 있겠지?"

"그렇습니다."

"만일 자네가 돈을 잃어버리지 않았다면, 그 돈은 자네한테 있겠지?"

"그렇습니다."

"그럼 자네가 잃어버리지 않은 물건은 자네한테 있는 셈이지?"

"예, 그렇습니다."

궤변론자는 계속 물었습니다.

"그럼 자네 혹시 머리에 달린 뿔을 잃어버렸는가?"

제자는 고개를 갸웃했습니다.

"아닙니다. 저는 뿔을 잃어버리지 않았습니다."

그러자 스승은 껄껄 웃으며 말했습니다.

"자네가 뿔을 잃어버리지 않았다니, 자네는 뿔을 가지고 있구먼! 하하하, 자네는 머리에 뿔이 달린 사람이야!"

"예?"

제자는 그제야 스승한테 놀림을 당했다는 사실을 알아차렸습니다. 그러자 은근히 화가 났습니다.

며칠 뒤, 제자는 궤변론자 스승을 찾아갔습니다.

"스승님, 혹시 지난번에 제가 맡겨 둔 금팔찌를 잃어버리지 않으셨습니까? 아무리 찾아봐도 없더군요."

스승은 느닷없는 질문에 어리둥절해졌지요.

"아니, 나는 잃어버리지 않았어."

그 말을 듣고 제자는 말했습니다.

"제가 맡겨 둔 금팔찌를 잃어버리지 않으셨다니, 그러면 스승님이 가지고 계신 게 틀림없군요. 어서 되돌려 주십시오!"

스승은 제자가 금팔찌를 되돌려 달라고 떼를 쓰자, 벌컥 화를 냈습니다.

"예끼, 이놈아! 네가 언제 금팔찌를 나한테 맡겼다고 그걸 되돌려 달라고 떼를 쓰느냐?"

그러자 제자가 말했습니다.

"그렇습니다. 애당초 맡기지 않은 금팔찌는 잃어버릴 수도 없는 것이지요. 그렇다면 애당초 제 머리에 뿔이 없는데, 어떻게 제가 그걸 잃어버릴 수 있겠습니까?"

그 말에 궤변론자는 아무 말도 하지 못했습니다. 제자는 계속 말했습니다.

"여태껏 당신 같은 엉터리 철학자를 스승으로 모신 제가 어리석었습니다. 철학은 말장난이나 하는 게 아니라는 사실을 이제야 깨달았습니다. 저는 그따위 철학을 배우느니 차라리 고향에 돌아가 염소나 키우며 살렵니다. 없는 사람 뿔을 찾기보다는 있는 염소 뿔이나 잘 가꾸는 편이 훨씬 낫겠어요."

제자는 그길로 궤변론자 스승을 떠나 고향으로 내려가 버렸답니다.

도움말 논리란 '생각의 형식이나 법칙'을 뜻합니다

논리란 간단히 말하면 생각의 이치를 뜻합니다. 그런데 생각에는 이치에 맞는 생각도 있고, 이치에 맞지 않는 생각도 있습니다.

앞 이야기에 나온 궤변론자의 주장도 이치에 맞지 않는 생각이지요.

궤변론자는 이렇게 말했습니다.

네가 어떤 물건을 잃어버리지 않았다면,
그 물건은 네가 가지고 있다.
너는 뿔을 잃어버리지 않았다.

⇨ 그러므로 너는 뿔을 가지고 있다.

멀쩡한 사람더러 뿔이 달렸다니오!

이건 이치에 맞지 않는 말이지요? 그런데 이때 그냥 "말도 안돼!" 하고 외치는 것보다는, 그것이 어째서 틀린 생각인지 이치를 따져 조목조목 설명한다면 상대방도 꼼짝 못하겠지요? 젊은 제자처럼, "애당초 없었던 것은 잃어버릴 수도 없는 것이지요." 하는 식으로 말이에요.

그래요. 우리도 이렇게 차근차근 이치를 따져서 생각한다면, 틀린 생각은 하지 않을 거예요.

그러나 논리는 궤변론자처럼 단지 말장난을 하는 데 써먹으려고 배우는 것은 아닙니다.

우리가 논리를 배우는 까닭은 바른 생각과 틀린 생각을 가름하여 우리 생활에 보탬이 되기 위해서지요.

그래서 여러분도 논리를 잘 배워 두면, 살아가면서 "고맙다, 논리야!" 하고 외칠 때가 많을 것입니다.

자, 다음에는 논리가 어떤 힘을 가지고 있고, 우리가 논리를 배우면 어떤 점이 좋은지 살펴봅시다.

여자 아이의 지혜

옛날 옛날에 어떤 선비가 길을 가다가 산골 주막에 들어갔습니다. 주막 안에는 조그마한 여자 아이가 혼자서 주막을 지키고 있었지요.

선비가 밥을 주문하자, 여자 아이는 쪼르르 부엌으로 달려가 밥상을 차려 왔습니다.

그때 주막집에 손님 세 사람이 들어왔습니다. 손님들은 여자 아이에게 불씨가 담긴 화로를 내오라고 말했습니다.

여자 아이가 화로를 내오자, 세 사람은 화로 앞에 앉아 담배를 한 대씩 피우고는 그냥 가 버렸습니다. 주막에 들어와 술도 시키지 않고, 밥도 시키지 않고, 화로를 달라고 해서 담배만 피우고 가다니 참 이상한 사람들이었지요.

세 사람이 나가자, 여자 아이는 마당에 쪼그리고 앉아 흙장난을 했습니다.

그때 아이 어머니가 돌아왔습니다.

"애, 내가 없는 동안 손님 많이 다녀갔니?"

그러자 여자 아이가 말했습니다.

"예, 조금 전에 세 분이 오셨는데, 한 분은 산골에 사는 사람이고, 또 한 분은 들에 사는 사람이고, 또 한 분은 큰 고을에 사는 양반이었어요."

그 말을 들은 선비는 아이가 거짓말을 하는구나 하고 생각했습니다. 조금 전에 왔던 세 사람은 그저 담배만 피우고 아무 말 없이 그냥 가 버렸기 때문에 아이가 그 사람들이 사는 곳을 알 턱이 없었습니다.

선비는 아이를 혼내 줄 생각으로 이렇게 말했습니다.

"애야, 내가 조금 전에 보니 세 사람이 들어와서 담배만 피우고 갔지, 자기들이 어디 산다는 이야기는 않던데, 너는 그 사람들이 사는 곳을 어떻게 알았느냐?"

그러자 여자 아이가 방긋 웃더니 또렷하게 대답했습니다.

"예, 그분들이 담배 피우는 모습을 보고 알았어요."

"담배 피우는 모습을 보고 어떻게 그 사람들이 사는 곳을 안단 말이냐?"

여자 아이는 이렇게 설명했습니다.

"아까 불씨 아까운 줄 모르고 담뱃대를 화로에 푹 처박고 담뱃불 붙이던 사람 있죠? 바로 그분이 산골에 사는 사람이에요.

28

나무가 많은 산골에 사니 불씨를 소중하게 여기지 않는 것이지
요."

"옳거니! 그럼 들에 사는 사람은?"

"담뱃불을 붙이고는 불이 꺼질까 봐 다시 꼭꼭 다독거려 놓은
분이지요. 나무가 귀한 들에 살다 보니 그런 버릇이 생긴 것이지
요."

"그렇구나! 그럼 큰 고을에 사는 양반은 어떻게 알아보았느
냐?"

"화로 한가운데를 함부로 헤집지 않고 한쪽 귀퉁이에서 점잖
게 담뱃불 붙이는 모습을 보고, 예절을 따지는 양반이란 걸 알

았지요.”

선비는 여자 아이의 지혜에 깜짝 놀라지 않을 수 없었습니다.

도움말 한 가지를 배우면 열 가지를 안다

이것은 윤기현 선생님이 쓰신 동화 ‘두 개의 수수께끼’에 나오는 이야기랍니다.

정말 똑똑한 아이지요? 손님들이 담배 피우는 모습을 보고 사는 곳을 척척 알아맞히니 말입니다.

사람들은 흔히 이렇게 똑똑한 아이를 가리켜 “한 가지를 배우면 열 가지를 안다.”고 말합니다.

논리는 바로 이렇게 ‘한 가지를 배우면 열 가지를 알게 하는 힘’을 가지고 있습니다.

어떻게 그렇게 할 수 있냐구요?

자, 쉬운 문제를 하나 내 볼까요?

“사과 한 개에 사과 한 개를 더하면 모두 사과 두 개입니다. 그러면 고래 한 마리에 고래 한 마리를 더하면 고래는 모두 몇 마리가 될까요?”

설마 여러분은 이 문제를 보고 고개를 절레절레 흔들면서,

“글쎄요, 태평양에 가서 고래를 직접 세어 봐야 알겠어요.”

하고 말하지는 않겠지요?

그래요. 여러분은 수학 시간에 '1+1=2'라는 수학 공식을 배웠고, 이런 공식은 사과든 고래든 모든 물건에 똑같이 적용된다는 사실을 잘 알고 있을 것입니다. 그래서 구태여 태평양까지 가서 세어 보지 않아도, 고래 한 마리에 고래 한 마리를 더하면 고래 두 마리가 됨을 금세 알 수 있는 것이지요.

그것 보세요. '1+1=2'라는 수학 공식 한 가지만 배우면, 우리는 열 가지가 아니라 수백, 수천 가지의 새로운 지식을 얻을 수 있잖아요?

그렇다면 생각에도 '1+1=2'와 같은 공식이 있다면 참 편리하겠지요? 물론 생각에도 이런 공식 비슷한 것들이 있답니다. 그게 바로 '논리'지요.

앞 이야기에서 나온 여자 아이의 지혜도 실은 논리적인 생각에서 나온 것입니다.

만일 불씨를 소중히 여기지 않는다면, 그 사람은 나무가 흔한 산골에 사는 사람이다.

저 아저씨는 불씨를 소중히 여기지 않는다.

⇨ 그러므로 저 아저씨는 나무가 흔한 산골에 사는 사람이다.

여자 아이는 바로 이렇게 생각한 것이지요. 그리고 이렇게 생각하는 것은 논리 공식 가운데 하나랍니다.

이 공식은 앞으로 차근차근 배우기로 하고, 다음 이야기로 넘어갑시다.

토끼 뿔 구하기

옛날, 어느 고을에 아주 욕심 많은 사또가 부임했습니다.

사또는 오자마자 백성들에게 세금을 많이 거둬 제 몫 챙길 궁리만 했습니다.

그런데 고을 관가에는 성품이 아주 어질고 지혜로운 이방이 있었습니다.

이방은 사또가 내린 명령이 그릇된 것이라면 그냥 보아 넘기지 않고 꼬장꼬장 따졌습니다.

"작은 마을 김 서방이 아직 세금을 안 냈느니라. 그놈한테 가서 한 달 안에 세금을 바치지 않으면, 그 집 딸을 노비로 데려오겠다고 하여라!"

사또가 이런 명령을 내리면, 이방이 대뜸 나서서 말립니다.

"사또께 아뢰오. 농민들은 원래 봄에는 살림이 어려우므로, 관가에서도 봄에는 무거운 세금을 거두는 것을 삼가 왔습니다. 더구나 세금을 못 냈다고 해서 그 집 딸을 노비로 삼는 것은 잘못된 일이라 생각하옵니다."

사또는 바른말 잘하는 이방이 눈엣가시처럼 미웠습니다. 그러나 이방은 고을에서 존경을 받는 사람이라 함부로 벌을 내릴 수도 없었습니다.

'저놈을 언젠가 혼을 내 주리라!'

사또는 늘 이방을 트집 잡을 궁리만 했습니다.

그러던 어느 날, 사또가 이방을 불러 물었습니다.

"이방이 해야 할 일이 무엇이냐?"

"그야 사또님을 잘 모시고, 고을 문제를 잘 처리하는 것이지요."

"그러면 내가 만일 병이 나서 약이 필요하다면, 너는 만사를 제쳐 놓고 그 약을 구해 와야 할 것이렷다?"

"그렇사옵니다."

사또는 '요놈, 이제 걸려들었다!' 생각하고 말했습니다.

"요즘 내가 병이 나서 토끼 뿔을 달여 먹어야 낫는다고 하니, 너는 냉큼 가서 토끼 뿔을 구해 오너라."

토끼 뿔을 구해 오라니 억지도 그런 억지가 없었습니다. 그러나 이방은 공손하게 말했습니다.

"예, 구해 오겠사옵니다."

사또는 구해 오겠다는 말에 속으로 만세를 불렀습니다.

"만일 구해 오지 못한다면 너는 이방 자격이 없는 것이니, 이방 자리에서 물러나야 하느니라."

"예, 알겠사옵니다."

이렇게 해서 이방은 토끼 뿔을 구하러 간다며 사또 앞에서 물러 나왔습니다.

이방은 토끼 뿔을 구하러 다닌다며 며칠 동안 사또 앞에 나타나지 않았습니다.

이방이 나타나지 않자, 사또는 앓던 이가 빠진 듯이 시원했습니다.

'지금쯤 토끼 뿔을 구하지 못해 쩔쩔매고 있겠지? 바보 녀석, 토끼 뿔을 어떻게 구한담!'

사또는 이렇게 생각하며 혼자 좋아하고 있었습니다.

그런데 며칠 뒤, 이방이 마침내 사또 앞에 나타나 머리를 조아렸습니다. 그리고 길쭉한 돌멩이 하나를 내밀며 말했습니다.

"여기 토끼 뿔을 구해 왔사오니, 어서 달여 드시고 병이 나으시기를 바라옵니다."

사또가 그것을 들여다보니 그저 길가에 뒹구는 돌인지라, 대뜸 호통을 쳤습니다.

"이놈! 이것은 돌멩이가 아니냐!"

"아니옵니다. 겉모양만 그러할 뿐, 이것은 틀림없는 토끼 뿔이옵니다."

"어허, 네가 감히 누구를 속이려고 하느냐?"

"제가 이방 된 도리로 어찌 사또님을 속이겠사옵니까? 이것은 제가 토끼 머리에서 직접 베어 온 토끼 뿔이옵니다."

이방이 박박 우기자, 사또는 어이가 없었습니다. 생각 같아서는 "이 거짓말쟁이야! 토끼한테 뿔이 어디 있느냐?"고 외치고 싶었지만, 그러면 도리어 자기가 거짓말쟁이가 되는 셈이라 그렇게 말할 수도 없었지요.

"글쎄, 이것은 토끼 뿔이 아니라는데도 자꾸 우기는구나!"

"글쎄, 틀림없다는데도 자꾸 우기시는군요!"

"토끼 뿔이 아니야!"

“토끼 뿔이 맞사옵니다!”

“아니야!”

“맞사옵니다!”

이방이 어찌나 우기는지 사또는 답답해서 미쳐 버릴 지경이었습니다.

“토끼 뿔은 이렇게 생기지 않았느니라.”

“그러면 어떻게 생겼사옵니까?”

사또는 말문이 막혀 한참 동안 궁리하다가 말했습니다.

“에…… 토끼 뿔은 사슴 뿔처럼 생겼느니라.”

“그것은 사또께서 잘못 아신 것입니다.”

“어허, 틀림없이 그렇게 생겼다는데, 왜 또 우기느냐!”

“그렇다면 사또께서 사슴 뿔처럼 생긴 토끼 뿔을 가져다 제게 보여 주십시오.”

“…….”

사또는 이방을 한참 동안 노려보다가 마침내 벌컥 화를 내고 말았습니다.

“예끼, 이 뻔뻔스러운 거짓말쟁이 놈아! 토끼한테 뿔이 어디 있다고 이따위 돌멩이를 가져와 토끼 뿔이라며 부득부득 우기느냐!”

이방은 이때다 싶어 재빨리 말했습니다.

“그럼 사또님은 있지도 않은 토끼 뿔을 어떻게 구하라고 저한테 그런 명령을 내리셨습니까?”

사또는 얼굴이 새빨개져서 헛기침만 쿵쿵 했습니다.

“그야…… 네가 어찌하나 보려고 그랬지!”

이방은 그제야 하하하 웃으며 말했습니다.

“저도 사또님께서 어찌하시나 보려고 개울에서 돌멩이를 주워 왔습지요.”

이 말에는 사또도 따라 웃지 않을 도리가 없었지요.

이 일이 있고 난 뒤부터 사또는 지혜로운 이방을 아주 좋아하게 되었답니다. 그리고 이방과 함께 백성들에게 사랑받는 어진 사또가 되었다고 합니다.

도움말 논리는 주장이 옳음을 증명할 때 필요합니다

사또는 이방이 가져온 돌멩이를 보고, “이것은 토끼 뿔이 아니다.” 하고 주장했습니다.

그러나 사또는 자기 주장이 어째서 옳은지 증명할 수가 없었지요. 그래서 속만 부글부글 끓이다가 마침내 참지 못하여 “예끼, 이 뻔뻔스러운 거짓말쟁이 놈아!” 하고 외치며, 토끼는 뿔이 없다는 사실을 스스로 인정하고 말았던 것입니다.

하지만 이방은 “나는 토끼 뿔을 구해 올 수 없다.”는 주장이 어째서 옳은지 멋지게 증명했습니다.

오직 토끼 뿔이 있어야만, 나는 토끼 뿔을 구해 올 수 있다.
그런데 토끼 뿔은 없다.

⇨ 그러므로 나는 토끼 뿔을 구해 올 수 없다.

여기서 사또는 "토끼 뿔은 없다."는 사실을 스스로 실토하였
지요?

우리는 주위에서 "이것은 토끼 뿔이다.", "이것은 토끼 뿔이
아니다."처럼 서로 다른 주장이 맞서는 경우를 많이 봅니다.

이때 어떤 주장이 옳은지 어떻게 가름할 수 있을까요? 그저
목소리 큰 사람의 주장이 옳은 것일까요? 아니면 싸움을 잘하
는 사람의 주장이 옳은 것일까요?

그렇지 않습니다. 논리적으로 조목조목 따져 증명할 수 있는
사람의 주장이 옳은 것입니다.

논리는 이렇게 주장이 옳고 그름을 밝힐 때에도 필요합니다.

변호사 링컨

링컨은 미국 대통령이 되기 전에는 이름난 변호사였답니다.

링컨이 변호사였을 때 일입니다.

마을 숲 속에서 살인 사건이 일어났는데, 암스트롱이라는 젊은이가 살인범으로 몰려 재판을 받게 되었습니다. 어떤 마을 사람이 살인 사건의 범인은 암스트롱이라고 증언을 했기 때문입니다.

그 사람은 재판정에 증인으로 불려 나와 암스트롱이 사람을 죽이는 광경을 자기 눈으로 똑똑히 보았다며 맹세까지 했습니다. 그래서 암스트롱은 꼼짝없이 유죄 판결을 받고 감옥에 가야 할 형편이었지요.

이 사건을 알게 된 링컨은 사건을 기록한 서류들을 꼼꼼히 살펴보고 살인 현장을 둘러보았습니다. 그 결과 암스트롱은 범인이 아니라는 걸 알게 되었습니다.

그래서 링컨은 두 번째 재판부터는 자기가 직접 암스트롱 변호를 맡겠다고 나섰지요.

재판이 시작되고, 증인이 불려 나왔습니다.
링컨은 증인에게 물었습니다.
"증인은 10월 18일 밤 열한 시쯤에 암스트롱이 사람을 죽이는 광경을 보았다고 했지요?"
"그렇습니다."
"증인은 어디서 그 광경을 보았습니까?"
"저는 사건이 일어난 큰 나무 곁에서 동쪽으로 20~30미터 떨어진 풀숲에 있었습니다."
"그곳은 깜깜했을 텐데, 그 사람이 암스트롱인 줄 어떻게 알았습니까?"
"그거야 달빛에 얼굴이 드러났기 때문이지요."
"틀림없는 암스트롱이었습니까?"
"그렇습니다. 제가 두 눈으로 똑똑히 보았습니다."
이 말을 듣고 링컨은 큰 소리로 재판장에게 말했습니다.
"이 증인은 사기꾼입니다!"
링컨은 계속해서 말했습니다.
"10월 18일은 달이 일찍 떴다 일찍 지는 초승날입니다. 그러니 그날 열한 시 무렵에는 달이 이미 져서 달빛이 없었습니다!"

그 말을 들은 증인은 더듬더듬 변명을 늘어놓았지요.

"저…… 어쩌면 그때 시각이 열한 시가 아니었는지도 모릅니다. 저는 시계가 없었거든요."

그러자 링컨은 증인을 날카롭게 쏘아보았습니다.

"좋습니다. 그럼 그때가 좀 더 이른 밤이었다고 합시다. 그래도 달은 이미 지고 있어서 서쪽 하늘에 걸려 있었을 것입니다. 그렇다면 나무 그림자는 동쪽으로 드리워지겠지요? 그리고 이때 증인은 동쪽 풀숲에 숨어 있었지요. 제 말이 맞습니까?"

증인이 피고 얼굴을 똑똑히 봤다는 건 거짓말입니다.

"네, 맞습니다."

"만일 암스트롱이 큰 나무 서쪽에 서 있었다면, 증인은 나무 때문에 그를 볼 수 없었을 것입니다. 또 암스트롱이 큰 나무 동쪽에 서 있었다면, 증인은 나무 그림자 때문에 암스트롱을 볼 수 없었을 것입니다. 그런데도 증인은 동쪽 풀숲에 숨어 암스트롱을 똑똑히 보았다고 증언했습니다. 더구나 나무에서 20~30미터나 떨어져 있었으면서 말입니다. 그러니 증인이 피고를 똑똑히 봤다는 건 거짓말입니다!"

링컨이 이렇게 하나하나 따지자, 증인은 아무 말도 못하고 고개를 떨구었습니다. 그러고는 겁먹은 목소리로 사실대로 털어놓았습니다.

"죄, 죄송합니다. 사실은 범인들이 거짓 증언을 하면 돈을 준다고 해서 그만······."

이렇게 해서 암스트롱은 무죄 판결을 받고 석방되었습니다. 그리고 링컨은 훌륭한 변호사로서 더욱 크게 이름을 떨치게 되었답니다.

도움말 참말과 거짓말을 가름하기

어떤 거짓말쟁이도 "이것은 거짓말입니다!" 하고 외치며 거짓말을 하지는 않습니다. 마치 참말인 양 그럴싸하게 얘기하기 때문에 자칫하면 속아 넘어가고 말지요.

그러나 거짓말은 반드시 어딘가 허점이 있게 마련입니다. 그래서 링컨처럼 논리를 따져 하나하나 비판을 하면 금방 들통이 나고 말지요.

링컨은 바로 다음과 같이 거짓을 밝혀낸 것입니다.

① 만일 증인이 암스트롱의 얼굴을 볼 수 있으려면, 10월 18일 열한 시에 달빛이 있어야 한다.
② 그런데 10월 18일 열한 시에는 달빛이 없었다.

⇨ 그러므로 증인은 암스트롱 얼굴을 볼 수 없다.

또 증인이 좀 더 이른 시각이었을지도 모른다고 주장하자, 링컨은 이렇게 반박합니다.

① 만일 암스트롱이 나무 서쪽에 서 있었다면, 증인은 나무 때문에 암스트롱 얼굴을 볼 수 없다.
② 만일 암스트롱이 나무 동쪽에 서 있었다면, 증인은 나무 그림자 때문에 암스트롱 얼굴을 볼 수 없다.

⇨ 그러므로 ①, ② 어떤 경우에도 증인은 암스트롱 얼굴을 볼 수 없다.

어때요? 이렇게 논리대로 하나하나 따져 보면, 어떤 게 참이고 어떤 게 거짓인지 금세 드러나겠지요?

링컨은 뒷날 대통령이 된 다음, 이런 말을 남겼답니다.

"거짓말쟁이들은 많은 사람들을 잠깐 동안 속이기도 하고, 몇몇 사람들을 오랫동안 속이기도 한다. 하지만 어떤 거짓말쟁이도 많은 사람들을 오랫동안 속일 수는 없다."

멋진 말이지요? 링컨은 논리의 힘을 잘 알고 있었나 봅니다.

이렇게 참말과 거짓말을 가름하는 것도 논리의 힘 가운데 하나지요.

황금 뇌를 가진 사나이

옛날 옛날, 머릿속이 몽땅 황금으로 된 사나이가 있었습니다.

사나이가 태어날 때부터 의사들은 고개를 절레절레 흔들며 이렇게 말했습니다.

"머리가 이렇게 크고 무거운 아기는 처음 보는군. 이 아기는 잘 자라지 못할 거야."

그러나 아기는 보통 아이와 다름없이 무럭무럭 잘 자랐습니다. 무거운 머리 때문에 이리저리 부딪치곤 했지만 말입니다.

그러던 어느 날이었습니다.

아이가 계단에서 굴러 떨어지면서 바닥에 머리를 찧었습니다. 그러자 쇳소리가 쩔그렁 나더니 머리에서 피가 났습니다.

어머니는 얼른 달려가 아이 머리를 살펴보았습니다.

그런데 이게 웬일입니까? 아이 머리에서 나온 피에는 금 조각 두어 알갱이가 엉겨 붙어 있었습니다.

어머니는 깜짝 놀라고 말았습니다.

'에그머니나, 머릿속에 황금이 들어 있네!'

어머니는 그제야 아이의 뇌가 온통 황금으로 되어 있다는 사실을 알아차렸습니다. 그러나 어머니는 아이가 다 자랄 때까지 이 사실을 비밀에 부치기로 했습니다. 아이의 뇌가 황금으로 되어 있다는 소문이 퍼지면, 유괴범이 납치해 갈 염려가 있기 때문이지요.

아이가 자라 건장한 사내가 되었을 때에야, 어머니는 이 비밀을 말해 주었습니다.

"애야, 이제 너도 다 자랐으니 네 머리가 왜 무거운지 그 까닭을 알려 주마. 네 뇌는 황금으로 되어 있단다. 하늘이 준 보물이지. 너는 이 황금 뇌를 잘 간수하였다가 늘 좋은 일에 써라."

사내는 갑자기 우쭐해졌습니다.

"내 머릿속에 황금이 가득 들어 있다구요? 하하하, 그것 참 신나는 일이군요."

사내는 황금을 실컷 써 봐야겠다고 마음먹었습니다. 그래서 머릿속에서 황금을 조금 꺼내 어머니에게 나눠 주고는 집을 떠났습니다.

사내는 가는 곳마다 흥청망청 황금을 썼습니다. 술을 마시고, 물건을 마구 사고, 노름을 했습니다. 그래서 사내 주변에는 늘

사람들이 모여들었습니다. 사람들은 황금을 마구 쓰는 사내에게 늘 입바른 소리를 해 댔습니다.

사내는 우쭐해져서 더욱더 많은 황금을 머릿속에서 꺼내 썼습니다.

하지만 머릿속에 든 뇌를 자꾸 꺼내 쓰다 보니 정신이 점점 흐리멍덩해졌습니다. 반짝이던 눈동자도 흐릿해지고, 똑똑했던 머리도 날이 갈수록 멍청해졌습니다.

어느 날, 사내가 머릿속에 손을 집어넣어 보니, 큰 새 한 마리가 둥지를 틀어도 될 만큼 큰 구멍이 뚫려 있었습니다. 황금 뇌가 이제 조금밖에 남지 않은 것입니다.

"아, 이렇게 살면 안 되겠구나. 이제 절대로 머릿속에 든 황금을 꺼내 쓰지 않겠어. 황금 뇌를 꺼내 쓰지 말고, 일을 해서 돈을 벌어야지."

그 뒤 사내는 어떤 아리따운 아가씨를 사랑하게 되었습니다.

그 아가씨는 아름다웠지만 무척 사치스러웠습니다. 그래서 사내한테 이것저것 사 달라고 졸라 댔습니다. 사내는 아가씨 부탁을 거절할 수 없어 결심을 깨뜨리고 다시 머릿속에서 황금 뇌를 꺼내 썼습니다.

그 황금으로 아가씨가 사 달라는 옷과 장신구와 구두 따위를 사 주었습니다. 사내는 자꾸 정신이 흐릿해졌지만, 아가씨가 좋아하는 모습을 보며 꾹 참았습니다.

마침내 사내 머릿속에는 황금이 거의 남아 있지 않게 되었습니다. 그러던 터에 사내가 사랑하는 아가씨는 그만 병이 나서 죽고 말았습니다.

황금 두뇌를 가진 사내는 머릿속에 남아 있는 황금을 몽땅 꺼내 아가씨 장례 비용으로 썼습니다.

장례식을 치른 뒤, 사내는 거리를 걷다가 신발 가게 앞에 우뚝 멈춰 섰습니다.

"아, 참 예쁜 비단 구두로구나. 아가씨한테 갖다 주면 얼마나 좋아할까!"

사내는 머릿속이 텅 비어 아가씨가 죽었다는 사실조차 기억할 수 없었습니다.

사내는 신발 가게에 들어가 비단 구두를 사려고 했습니다. 그러나 머릿속이 텅텅 비어 신발 한 켤레조차 살 수 없었습니다.

사내는 머릿속에 엉겨 붙은 금 부스러기를 박박 긁어모아 주인에게 내밀었습니다.

주인은 사내의 애처로운 모습을 보고 혀를 끌끌 차면서, 진열대에서 비단 구두를 꺼내 주었습니다.

"아가씨가 이 구두를 보면 정말 좋아할 거야."

사내는 비단 구두를 가슴에 꼭 안고 가게 문을 나섰습니다.

그 뒤로 사내를 본 사람은 아무도 없다고 합니다.

도움말 생각은 두뇌의 작용

이 이야기는 프랑스 작가 알퐁스 도데가 쓴 『황금 뇌를 가진 사나이』라는 동화에서 따온 것입니다.

물론 세상에 황금으로 된 두뇌를 가진 사람은 없습니다. 그리고 그런 사람이 진짜 있더라도, 마치 호주머니 속에서 돈을 꺼내 쓰듯이 멋대로 뇌를 꺼내 쓸 수는 없는 일이지요. 이 동화는 우리 두뇌가 그만큼 값진 것이라는 얘기를 하려고 지어낸 이야기일 따름입니다.

그런데 세상에는 노름을 하거나 사치를 하는 따위의 아무짝에도 쓸모 없는 일을 하느라 값진 두뇌를 허비하는 사람들도 참 많습니다. 마치 동화 속에 나오는 황금 뇌를 가진 사나이처럼 말입니다.

우리 두뇌는 황금 따위와는 견줄 수도 없을 만큼 귀중한 것입니다. 느끼고, 깨닫고, 옳고 그름을 가름하고, 발명을 하고, 예술 활동을 하는 등 모든 생각이 다 두뇌에서 나오니 말입니다.

아주 옛날 사람들은 생각이 심장이나 눈에서 나온다고 믿기도 했답니다. 심지어는 '영혼'이라는 것이 따로 있어서 영혼이 생각을 하는 것이라고 믿기도 했지요.

그러나 과학이 발달한 요즘에는 유치원에 다니는 어린이조차도 사람의 생각이 두뇌에서 나온다는 사실을 잘 알고 있습니다.

생각은 사람 두뇌의 작용입니다.

고추 묶고 인사하기

옛날, 어느 마을에 좀 모자라는 사내가 살고 있었습니다.

그 사내는 하는 짓도 어리석고 기억력마저 나빠서 늘 마을 사람들 놀림감이 되곤 했지요.

그런데 사내는 다행히 똑똑한 아내를 맞아 결혼을 했습니다.

아내는 시집을 와서야 남편이 바보라는 걸 알게 되었습니다. 아내는 너무 창피해서 친정에는 아무 얘기도 하지 않았습니다.

그러던 어느 날, 아내는 남편과 함께 친정 나들이 할 일이 생겼습니다.

오랜만에 친정집에 가게 되어 기쁘기는 했지만, 한편으로는 걱정이 태산 같았습니다. 남편이 친정에 가서 어리석은 짓을 하면, 친정 식구들도 남편이 바보라는 사실을 알아차릴 게 뻔했으니까요.

아내는 친정에 가기 전날 남편한테 이렇게 일렀습니다.

55

"처갓집에 가면 아버님과 함께 식사를 하게 될 거예요. 밥상이 들어오면 먼저 수저를 들지 말고 아버님께 '진지 많이 드십시오.' 하고 말하세요."

"밥상이 들어오면, 진지 많이 드십시오."

"식사를 다 하고 밥상을 물리면, 그때는 이렇게 말하세요. '담배 태우십시오.'"

"밥상을 물리면, 담배 태우십시오."

"어때요? 잘할 수 있겠어요?"

"그럼, 그쯤이야 문제없지!"

아내는 안심이 안 되어 몇 번이나 연습을 시켜 보았습니다.

그러나 밤새도록 연습해도 남편은 제대로 따라 하지 못했습니다. 밥상을 들여왔을 때 느닷없이 "담배 태우십시오." 하지를 않나, 밥상을 내가자 "진지 많이 드십시오." 하지를 않나, 하여간 엉망진창이었지요.

날이 밝아 친정으로 떠날 때가 되자, 아내는 하는 수 없이 꾀를 내었습니다.

아내는 가느다란 실로 남편의 고추를 잡아맸습니다. 그리고 한끝은 자기 손가락에 붙들어 맸지요.

그러고 나서 아내는 실을 세게 잡아당겼습니다. 남편은 고추가 당기는지라 비명을 질렀습니다.

"아얏!"

"자, 제가 이렇게 한 번 잡아당기면 '진지 많이 드십시오.' 하고 말하는 거예요."

아내는 실을 두 번 잡아당겼습니다.

"아얏! 아얏!"

"이렇게 두 번 잡아당기면 '담배 태우십시오.' 하고 말하는 거예요. 알겠죠?"

"알겠소!"

남편은 고추가 얼얼했지만, 처갓집에서 망신을 당하는 것보다야 나으리라 믿고 꾹 참았습니다.

마침내 남편은 처갓집에 가서 장인과 함께 식사를 하게 되었습니다. 남편은 아내가 가르쳐 준 것도 잊어버리고, 자기 혼자 덜렁 수저를 들려고 했습니다.

이때 부엌에서 남편을 지켜보고 있던 아내가 재빨리 실을 당겼습니다.

고추가 한 번 당겨지자, 남편이 장인에게 말했습니다.

"아얏! 진지 많이 드십시오!"

장인은 기분 좋게 껄껄 웃었습니다.

"허허, 그래. 자네도 많이 들게."

식사를 마치고 밥상을 물리자, 남편은 멀뚱멀뚱 앉아 있었습니다. 부엌에 있던 아내가 재빨리 실을 두 번 잡아당겼습니다.

"아얏! 아얏! 담배 태우십시오!"

장인은 이번에도 기분 좋게 껄껄 웃었습니다.

"허허, 그러지. 우리 사위는 아주 예절 바른 사람이로구먼."

그런데 부엌에 있던 아내는 갑자기 오줌이 마려웠습니다. 그래서 북어 대가리에다 실을 붙잡아 매 두고 뒷간으로 갔지요.

그때 마침 부엌에 들어온 장모가 이 북어를 보았습니다.

"원, 애두. 칠칠맞지 못하게시리 북어를 이렇게 아무 데나 두면 어떻게 해!"

그러면서 장모는 북어를 잡아당겼습니다.

그러자 방 안에 있던 남편이 장인에게 공손히 말했습니다.

"진지 많이 드십시오!"

아얏!
진지 드십시오!
아얏! 아얏!
담배 태우십시오!

그 말을 들은 장인은 눈이 동그래졌지요.

"밥은 벌써 먹었는데, 그게 무슨 소린가?"

장모는 북어가 잘 안 움직이는지라 한 번 더 잡아당겼습니다.

방 안에 있던 남편이 장인에게 또 공손하게 말했습니다.

"담배 태우십시오!"

장인은 사위가 무슨 소리를 하는 건지 어리둥절했지요.

"이 사람아, 지금 담배 태우고 있지 않나?"

장모는 북어가 움직이지를 않자, 그냥 부뚜막 위에 내버려 두고 부엌을 나왔습니다.

그때 마침 고양이 한 마리가 부엌에 들어와 북어를 보았습니다. 그리고 입에 답삭 물고 도망치려 했습니다. 그런데 실 때문에 움직이지를 않자, 북어를 물고 마구 흔들어 댔지요.

방 안에 있던 남편은 고추에 신호가 올 때마다 말했습니다.

"진지 많이 드십시오. 아얏! 담배 태우십시오. 아얏! 진지 많이 드십시오. 아얏! 담배……."

부엌에 있는 고양이는 북어를 떼 내려고 마구 날뛰었습니다. 그 바람에 실에 묶여 있는 고추가 마구 당겨졌습니다. 남편은 어찌나 아픈지 눈물을 찔끔찔끔 흘리며 계속 말했습니다.

"……진지! 담배! 진지! 담배! 진지! 담배! ……"

감각과 생각

"아얏! 진지 많이 드십시오."

"아얏! 아얏! 담배 태우십시오!"

재미있지요?

그런데 여기서 "아얏!" 한 것과 "진지 많이 드십시오." 한 건 어떻게 다를까요?

그래요. "아얏!" 한 건 감각이고, "진지 많이 드십시오." 한 건 생각이지요?

우리 두뇌가 하는 일은 이렇게 두 가지입니다. 하나는 감각을 일으키는 일이고, 또 하나는 생각을 하는 일이지요.

고추가 따끔하다는 느낌뿐만 아니라 우리는 색깔, 빛, 냄새, 소리, 맛, 감촉, 뜨거움, 차가움 따위를 느낄 수 있습니다. 이런 느낌을 **감각**이라고 하지요.

그런데 이런 감각은 눈이나 코나 귀나 혀나 피부에서 만들어지는 것이 아닙니다. 감각은 두뇌에서 만들어집니다. 눈, 코, 귀, 혀, 피부는 다만 우리 몸 바깥에서 일어나는 자극을 받아들여 두뇌에 전달하는 작용을 하는 것이지요.

예를 들어 우리가 어떤 음식물을 먹으면, 그 음식물은 우리 혀를 자극합니다. 그리고 이런 자극은 곧바로 두뇌로 전해져 그 자극에 맞는 맛 감각을 만듭니다. 짜다, 달다, 고소하다, 쓰다,

시다, 맵다, 떫다 등등으로 말이에요.

우리 두뇌는 이런 자극을 바탕으로 해서 감각을 만들고, 그다음에는 이런 여러 가지 감각들을 서로 비교하고, 분석하고, 종합해서 **생각**을 하게 합니다.

어린 동생이 처음에는 멋모르고 시뻘건 고추장을 손가락으로 푹 찍어 먹고는 "애고, 매워!" 합니다.

그러나 이런 경험을 한 번 하고 나면 고추장을 함부로 먹지 않습니다. 그건 '음, 이 시뻘겋게 생긴 음식을 먹으면 매울 거야.'라고 생각을 하기 때문이지요.

이렇게 우리 두뇌는 감각을 바탕으로 해서 생각하게 됩니다.

여러분은 아마 "산 경험을 많이 쌓아라."는 말을 들어 본 적이 있을 거예요. 그것은 보고 듣고 느끼는 것이 많으면, 그만큼 우리 생각도 발전한다는 뜻이겠지요.

감각이 생각의 바탕이 되기는 하지만, 그렇다고 해서 우리가 꼭 감각을 따라서만 생각하는 건 아닙니다. 만일 그렇다면 바보 사위와 같은 꼴밖에는 안 될 테니까요.

자, 이제 감각이 생각의 바탕이 된다는 사실을 알았으니, 다음에는 이런 감각이 어떻게 해서 생각으로 발전하는지 알아봅시다.

다음과 같은 생각을 하려면 어떤 감각을 바탕으로 해야 하는
지 〈보기〉에서 골라 보세요.

- 아이쿠, 구려! 누군가 몰래 방귀를 뀌었구나.
- 눈부신 햇살 아래 앉아 있었더니, 이제 몸이 따뜻해졌어.
- 네 말대로 찌개가 너무 짜구나.
- 아! 이 하얀 강아지는 털이 정말 부드러워.

〈보기〉

색 감각, 빛 감각, 냄새 감각, 맛 감각, 소리 감각, 온도 감각, 피부 감각

새기줄을 보고 놀란 소금 장수

옛날, 어떤 소금 장수가 산길을 걸어가고 있었습니다. 무서운 호랑이가 나타나 사람을 잡아먹는다는 소문이 나도는 산이었습니다.

하지만 소금 장수는 걸음을 멈출 수가 없었습니다. 산 너머 마을에 큰 장이 서는데, 거기 가서 소금을 팔아야만 큰돈을 벌 수 있기 때문이지요. 소금 장수는 함께 산을 넘을 사람을 찾았지만, 그럴 만한 사람이 없었습니다. 그래서 하는 수 없이 혼자서 산을 넘기로 했습니다.

산을 반이나 넘었을까요. 벌써 해가 뉘엿뉘엿 저물고 있었습니다.

"아이쿠, 큰일 났네! 깜깜해지면 호랑이가 나올 텐데……."

소금 장수는 덜컥 겁이 났습니다.

걸음을 재촉했지만, 소금 가마니를 짊어진 걸음으로는 도저히 해가 지기 전에 산을 넘을 도리가 없었지요.

소금 장수는 언제 어느 때 호랑이가 튀어나올지 몰라 몹시 겁이 났습니다. 뛰거니 걷거니 하며 산길을 가다 보니, 온몸에 식은땀이 줄줄 흐르고 정신이 하나도 없었습니다.

그때였습니다. 다리에 너무 힘을 주고 걷다 보니 갑자기 방귀가 '뿌웅' 하고 터져 나왔습니다. 그 소리가 어찌나 컸던지 소금 장수는 깜짝 놀라고 말았지요.

"이크, 이게 무슨 소리야? 호랑이가 나타났나 보다!"

소금 장수는 그게 제 방귀 소리인 줄도 모르고 부리나케 뛰기 시작했습니다.

그러다 보니 소금 지게에 걸어 놓은 호리병이 덜렁거리면서 덜커덕덜커덕 소리를 냈습니다. 그런데 소금 장수 귀에는 그게 꼭 호랑이가 쫓아오는 소리로만 들렸지요.

"아이쿠, 저놈의 호랑이가 날 잡아먹으려고 뛰어오는구나."

소금 장수는 허겁지겁 뛰어가며 숨을 곳을 찾았습니다. 마침 저 멀리 나무 둥치에 구멍 뚫린 게 보였습니다.

"옳거니! 저 구멍 속에 들어가 숨어야겠다."

소금 장수는 재빨리 나무 둥치 구멍 속으로 뛰어들었습니다.

그런데 구멍 속에 들어가자, 뱀처럼 기다란 줄 하나가 쑥 들어오지 뭡니까.

"아이고, 저놈의 호랑이가 꼬리를 집어넣는구나."

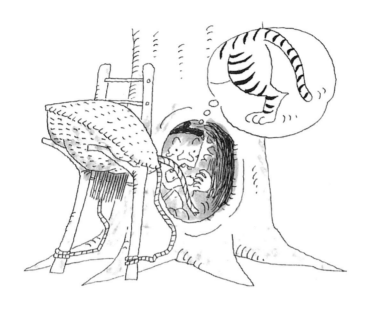

　소금 장수는, 호랑이가 기절한 사람을 잡아먹을 때 꼬리로 깨워서 잡아먹는다는 말이 떠올랐습니다. 그래서 호랑이 꼬리를 붙잡아 냅다 구멍 밖으로 뿌리쳤습니다.

　그런데 그놈의 꼬리는 뿌리치면 다시 들어오고, 뿌리치면 다시 들어오고 하는 것이었습니다.

　소금 장수는 꼬리를 뿌리치느라 밤새도록 씨름을 했습니다.

　"맙소사! 아주 끈질긴 놈이구나."

　몹시 피곤해 졸음이 쏟아졌지만, 호랑이 꼬리를 밖으로 뿌리치는 일을 그만둘 수가 없었습니다. 그놈의 꼬리가 끈질기게도 나무 구멍 속으로 자꾸 들어왔기 때문이지요. 뿌리치면 들어오고, 뿌리치면 들어오고…….

그러는 사이 어느덧 날이 밝았습니다. 꾸벅꾸벅 졸면서 계속 그러고 있느라 날이 밝는 줄도 몰랐지요.

그런데 그때 갑자기 밖에서 두런두런 사람 말소리가 들렸습니다.

"여보시오, 당신은 뭣 땜에 나무 둥치 속에 앉아 새끼줄을 넣었다 뺐다 하고 있는 거요?"

정신을 차려 보니, 글쎄 호랑이 꼬리인 줄 알고 뿌리치고 있던 게 소금 가마니를 묶은 새끼줄이었지 뭡니까? 소금 가마니를 자기가 짊어지고 있으니 새끼줄을 아무리 밖으로 뿌리쳐도 자꾸 안으로 들어올 수밖에요.

소금 장수는 갑자기 창피한 생각이 들어 얼굴이 빨개졌지요. 그래서 허허 웃으며 이렇게 변명을 했답니다.

"글쎄, 이 새끼줄 녀석이 자꾸 구멍 안으로 들어오려고 하지 뭡니까? 허허, 참 고약한 새끼줄이지요?"

도움말 비교

소금 장수는 새끼줄을 호랑이 꼬리로 착각했지요? 겁에 질린 나머지 새끼줄과 호랑이 꼬리의 '닮은 점'만을 생각한 것입니다.

66

또 날이 밝자 그게 호랑이 꼬리가 아니라 새끼줄이라는 사실을 금세 알아차렸지요? 그것은 새끼줄과 호랑이 꼬리의 '다른 점'을 구분한 것입니다.

'새끼줄'과 '호랑이 꼬리'처럼 우리 주변의 사물들은 닮은 점과 다른 점이 있습니다.

우리 두뇌는 이렇게 주변 사물들을 서로 **비교**해서 닮은 점과 다른 점을 가려냅니다.

이런 비교는 갓난아기 때부터 시작합니다.

'냠냠 짭짭! 어? 이건 엄마 젖이 아니라 우유잖아? 나를 속였구나! 싫어. 어서 엄마 젖을 줘! 앙앙앙! 어, 울어도 안 주네? 할 수 없지. 배도 고픈데, 비슷하니까 그냥 먹어 둬야지. 냠냠 짭짭! 에이, 맛없어!'

이렇게까지 또렷이 생각할 리야 없겠지만, 어쨌든 갓난아기는 엄마 젖과 우유를 견주어 닮은 점과 다른 점을 알아차립니다.

생각하는 능력이 뛰어난 사람은 여러 사물들을 비교하여 닮은 점과 다른 점을 정확하게 구분할 수 있습니다. 그러나 생각하는 능력이 낮은 사람은 이런 구분을 올바로 하지 못합니다.

우리 속담에 "똥인지 된장인지도 구분 못한다."는 말이 있습니다. 사리 판단을 잘 못하는 사람을 두고 하는 말이지요.

똑똑한 여러분은 똥과 된장이 어떤 점에서 닮았고 어떤 점에서 다른지 금세 구분할 수 있겠지요?

생각하는 능력을 키우려면, 여러 사물들을 서로 비교해 보는
연습을 많이 해야 한답니다.

아래에 있는 것들을 서로 비교해 보고, 닮은 점과 다른 점을
다섯 가지씩만 꼽아 보세요.

- 도시 어린이와 농촌 어린이
- '흥부와 놀부' 이야기와 '혹부리 영감님' 이야기
- 여자와 남자
- 동화책과 만화책

1에서 100까지 더하기

4학년 7반 수학 시간이었습니다.

장학관 순시가 나올 때면 선생님들은 여러 가지 일을 처리하느라 무척 바빠집니다. 4학년 7반 담임 선생님도 수업 중에 짬짬이 시간을 내어 준비를 해야 했답니다.

선생님은 아이들한테 문제를 내주었습니다.

"자, 선생님이 문제를 내주겠어요. 지금부터 1에서 100까지 숫자를 모두 더해 보세요. 1+2+3+4+ …… 이런 식으로 말이에요."

아이들은 공책을 펼쳐 놓고 끙끙거리며 덧셈을 하기 시작했습니다.

선생님은 아이들이 꽤 오랫동안 계산을 해야 하리라 생각하고, 다른 일을 보았습니다.

그런데 조금 뒤, 슬기가 계산은 하지 않고 계속 딴 짓을 하며

69

놀고 있는 게 눈에 띄었습니다.

선생님은 슬기를 불렀습니다.

"김슬기! 너는 왜 선생님이 내준 문제를 풀지 않고 장난만 치고 있지?"

그러자 슬기가 방글방글 웃으며 말했습니다.

"선생님, 저는 벌써 다 풀었는걸요."

"뭐? 벌써 다 풀었다구?"

선생님은 슬기가 거짓말을 한다고 생각했습니다.

"그럼 답이 뭐지?"

"5050이에요!"

슬기가 정답을 대자, 선생님은 깜짝 놀랐지요.

"어떻게 그렇게 빨리 덧셈을 했지?"

슬기는 덧셈을 빨리 한 비결을 설명했습니다.

"저는 1부터 100까지 숫자를 곰곰이 뜯어보았어요. 그리고 앞 숫자와 끝 숫자를 차례대로 두 개씩 짝을 지어 합하면 모두 101 이 된다는 사실을 알았어요. 그렇게 만들면 101이 50개가 나와 요. 101이 50개면 5050이 되지요."

선생님과 아이들은 모두 입을 쩍 벌리고 말았습니다. 어떤 아 이는 이렇게 외치기도 했답니다.

"우와! 천재가 따로 없구나!"

그래요. 다른 아이들이 '1+2+3+4⋯⋯+100' 식으로 계산하고 있는 동안, 슬기는 숫자들을 곰곰이 뜯어보고 다음 같은 식을 만든 것입니다.

$(1+100)+(2+99)+(3+98)+(4+97)\cdots\cdots+(49+52)+(50+51)$

도움말 **분석**

아마 여러분은 이런 계산 방법을 이미 알고 있을 것입니다.

슬기가 썼던 덧셈법을 응용한다면, 1에서 1만까지 더하는 것 도 식은 죽 먹기로 처리할 수 있습니다.

$(1+10000)+(2+9999)+(3+9998)\cdots\cdots+(4999+5002)+(5000+5001)$

이렇게 계산하면 되니까요.

슬기는 1에서 100까지 숫자들을 곰곰이 뜯어보고 이런 방법을 생각해 낸 것입니다.

이렇게 하나하나 나누어 따져 보는 것을 **분석**이라고 합니다. '**구분**하여 **해석**한다.'는 뜻이지요.

분석이라고 하면, 여러분은 무슨 복잡한 과학 연구를 떠올릴지도 모릅니다. 그래요. 과학자들은 연구를 할 때 분석하는 방법을 많이 씁니다.

하지만 분석은 비단 과학자들만 하는 게 아닙니다. 어떤 것을 분석하지 않고서는 우리는 아무것도 생각할 수 없습니다.

예를 들어 "똥인지 된장인지도 구분 못한다."는 속담을 생각해 봅시다.

똥과 된장을 구분하려면, 똥의 특징과 된장의 특징을 낱낱이 뜯어보아야 합니다. 그런 다음에 닮은 점과 다른 점을 비교하여, "아하, 이건 된장이구나!" 하거나 "에이그, 이건 똥이잖아!" 하는 것이지요.

이렇게 우리는 자기도 모르는 사이에 이미 분석을 하며 생각한답니다.

생각이 뛰어난 사람은 분석을 잘합니다. 앞 이야기에 나오는 슬기도 그렇잖아요?

문제가 잘 안 풀릴 때에는 문제를 하나하나 나누어 따져 보세요. 그러면 꽉 막혔던 문제가 쉽게 풀리기도 한답니다.

세상에서 가장 예쁜 여자 얼굴

세상에서 가장 예쁜 여자 그림을 그리겠다고 마음먹은 화가가 있었습니다. 화가는 자기 그림의 모델이 되어 줄 여자를 찾으려고 전국 방방곡곡을 돌아다녔습니다.

그러나 아무리 찾아봐도 자기 마음에 꼭 들 만큼 예쁜 여자는 없었습니다.

그 고장에서 가장 예쁘다는 아가씨를 만나 보면, 어딘지 모자라는 점이 꼭 한두 가지씩은 있었습니다. 어떤 여자는 다 예쁘지만 코에 흠이 있었고, 또 코가 예쁜 여자를 만나면 이번에는 눈에 흠이 있었습니다. 그래서 눈이 예쁜 여자를 만나면 이번에는 또 이마에 흠이 있었지요.

화가는 지칠 대로 지쳤습니다.

"아아, 내 그림에 꼭 어울리는 예쁜 여자가 이렇게도 없단 말인가!"

74

화가는 이렇게 중얼거리며 한숨을 쉬었지요.

그러던 어느 날, 화가는 친구에게 고민을 털어놓았습니다.

그러자 친구는 껄껄 웃으며 화가에게 이렇게 충고했습니다.

"이 친구야, 그게 무슨 고민거리인가? 모두 다 예쁜 여자가 없다면, 예쁜 점만 따와서 그리면 될 게 아닌가? 코가 예쁜 여자한테서는 코만, 눈이 예쁜 여자한테서는 눈만, 이마가 예쁜 여자한테서는 이마만, 이렇게 예쁜 부분들만 따와서 그리면 되잖아!"

화가는 무릎을 탁 치며 좋아했습니다.

"옳거니! 내가 왜 그런 생각을 못했을까? 그렇게 간단한 방법이 있는 줄도 모르고 말이야!"

화가는 그날부터 다시 예쁜 여자들을 만나러 다녔습니다. 이번에는 코가 예쁜 여자, 눈이 예쁜 여자, 이마가 예쁜 여자, 입술이 예쁜 여자, 뺨이 예쁜 여자…… 이런 식으로 만나러 다닌 것이지요.

이렇게 해서 화가는 예쁜 코, 예쁜 눈, 예쁜 이마, 예쁜 입술, 예쁜 뺨, 예쁜 턱 등등 그림 그릴 자료를 다 모을 수 있었습니다.

그러고는 이 그림 자료들을 바탕으로 쓱쓱 그림을 그려 나갔습니다.

마침내 그림이 완성되었습니다.

그런데 이게 웬일입니까?

완성된 건 아주 형편없이 못생긴 여자 그림이었습니다.

그제야 화가는 깨달았지요.

"내가 어리석었어. 예쁜 부분들을 그저 다 끌어 모아 놓는다고 해서 예쁜 여자 얼굴이 되는 건 아니구나!"

도움말 **종합**

그래요. 예쁜 부분만 다 끌어 모아 합쳐 놓는다고 해서 꼭 예쁜 얼굴이 되는 건 아니랍니다.

어째서 그럴까요?

우리가 어떤 사람을 예쁘다고 하는 것은 얼굴 전체를 한꺼번에 보고 생각하는 것이지, 부분부분 보고 생각하는 것은 아닙니다. 그래서 하나하나 뜯어보면 예쁜 데가 없는 것 같은데도 얼굴 전체로 보면 예쁜 얼굴도 있고, 하나하나 뜯어보면 예쁘지만 얼굴 전체로 보면 그다지 예쁘지 않은 얼굴도 있는 것이지요.

여러분은 앞 도움말에서 분석에 대해 배웠지요?

화가는 바로 예쁜 얼굴을 하나하나 뜯어 분석을 한 것입니다.

그런 다음 다시 예쁜 부분들을 모아 그림을 그렸지요?

이렇게 부분들을 한데 합하는 것을 **종합**이라고 합니다.

종합은 명절날 가게에 있는 '종합 선물 세트'처럼 그저 이것저것 한데 모아 놓는 것이 아닙니다. 종합은 부분들을 서로 결합시켜 아주 새로운 것을 만드는 과정입니다.

예를 들어 볼까요?

밀가루와 물과 베이킹 파우더와 팥을 한데 모아 놓으면 저절로 맛있는 찐빵이 될까요? 그렇지 않겠지요? 밀가루에 물을 알맞게 넣어 반죽을 하고, 베이킹 파우더로 부풀리고, 삶은 팥을 집어 넣고, 알맞은 불에 쪄야 맛있는 찐빵이 됩니다.

종합은 이렇게 그저 모아 놓는 게 아니라, 서로 결합시켜 새로운 걸 만드는 것입니다.

우리 생각은 분석만 하는 것이 아니라 종합도 합니다.

앞에서 읽은 '1에서 100까지 더하기'를 다시 생각해 봅시다. 슬기는 숫자들 가운데 합이 101인 쌍을 50개로 분석하고, 그다음에는 이를 다시 종합하여 5050이라는 정답을 얻은 것이지요.

이렇게 어떤 생각을 할 때에는 늘 분석과 종합을 함께 하게 됩니다.

알아맞혀 보세요!

다음에 나오는 동물들을 여러분 나름대로 구분해 보세요. 그러고 난 다음 세 묶음으로 묶어 보고, 다음에는 네 묶음으로, 그 다음에는 다섯 묶음으로도 묶어 보세요. 그리고 어떤 척도로 묶었는지도 말해 보세요.

> 늑대, 독수리, 갈치, 나비, 다람쥐, 닭, 금붕어, 문어, 돼지,
> 고슴도치, 모기, 고래, 고양이, 두루미, 멸치, 개구리

〈보기〉 ─ 두 묶음으로 묶을 때

새끼를 낳는 동물 : 늑대, 다람쥐, 돼지, 고슴도치,
　　　　　　　　　 고래, 고양이

알을 낳는 동물 : 독수리, 갈치, 나비, 닭, 금붕어, 문어,
　　　　　　　　 모기, 두루미, 멸치, 개구리

┌ 날개 있는 동물 : 독수리, 나비, 닭, 모기, 두루미

└ 날개 없는 동물 : 늑대, 갈치, 다람쥐, 금붕어, 문어, 돼지,
　　　　　　　　　고슴도치, 고래, 고양이, 멸치, 개구리

이런 식으로 자유롭게 묶어 보세요.

천자문과 만자문

옛날, 어느 마을에 홍이와 식이라는 아이가 살았습니다.

두 아이는 모두 머리가 좋고 영리했습니다. 그래서 홍이네 부모와 식이네 부모는 두 아이를 금강산 깊은 골짜기에 사는 훌륭한 스님에게 보내기로 했습니다.

두 아이의 부모들은 홍이와 식이를 불러 이렇게 말했습니다.

"사람은 공부를 많이 해야 훌륭한 사람이 된다. 그 스님은 배움이 넓고 깊기로 이름난 분이니, 그분을 스승님으로 모시고 열심히 공부하고 돌아오너라."

다음 날, 홍이와 식이는 집을 떠나 금강산으로 갔습니다. 그리고 깊은 산 속에 있는 암자에서 부모님이 일러 준 스님을 만났지요.

"저희들은 스님께 배움을 얻고자 이렇게 찾아왔습니다. 부디 저희를 제자로 거두어 주십시오."

그러자 스님은 아무 말 없이 『천자문』을 꺼내 홍이와 식이 앞에 한 권씩 던져 주었습니다. 그러고는 어떻게 하라는 말도 없이 다시 산속으로 들어가 버렸습니다.

배움을 얻으러 찾아온 홍이와 식이는 암자에 둘만 남게 되었습니다. 며칠 동안 기다려도 스님은 나타나지 않았습니다.

식이가 말했습니다.

"스님은 이 책을 다 공부해야 우리를 제자로 받아 주실 모양이야. 그러니 우리끼리라도 공부하자."

홍이도 그 말에 찬성했습니다.

"그래, 그게 좋겠어!"

이렇게 해서 두 아이는 스승 없이 공부를 시작했습니다.

"하늘 천, 따 지, 검을 현, 누를 황, 집 우, 집 주……"

식이는 『천자문』에 있는 글자를 열심히 외웠습니다.

그러나 홍이는 그렇게 글자나 외우고 있는 일이 무척 따분했습니다. 그래서 식이에게 말했습니다.

"식아, 나는 이렇게 암자에 틀어박혀 글자나 외우고 있는 게 도무지 공부 같지가 않구나."

"하지만 스님이 우리한테 공부하라고 이 책을 주시지 않았니? 따분해도 참고 열심히 공부하자. 그러면 뭔가 배우는 게 있을 거야."

"아니야. 나는 좀 더 넓은 공부를 하고 싶어. 우선 나는 이 금강산 구경부터 할 테다. 그것도 공부니까."

"그럼 네 마음대로 해. 나는 이 책으로 좀 더 공부를 해야겠어."

"좋아. 그럼 우리 삼 년 뒤에 여기서 다시 만나자. 나는 세상을 두루 돌아다니며 내 나름대로 공부를 할 거야."

이렇게 해서 홍이는 암자를 떠났습니다.

혼자 남은 식이는 천자문을 펴 들고 날마다 열심히 공부를 했습니다.

"하늘 천, 따 지, 검을 현, 누를 황, 집 우, 집 주……"

한편, 암자를 떠난 홍이는 여기저기 돌아다니며 구경을 했습니다. 그러다 보니 배울 것이 많았습니다.

어느 날, 홍이는 두 아이가 떡을 가지고 다투고 있는 광경을 보았습니다.

"네 떡이 내 것보다 더 커! 똑같이 나누자고 해 놓고 네가 더 많이 가지면 어떻게 하니?"

"천만에! 이건 똑같이 나눈 거야!"

홍이는 아이들에게 다가가 말했습니다.

"얘들아, 내가 똑같이 나누어 줄게. 자, 떡 가운데다 막대기를 올려놓자. 어때, 똑같이 나누어졌니?"

"아니에요. 이쪽이 더 커요!"

홍이는 막대기를 조금 옮겨 놓았습니다.

"그럼 이렇게 하면 똑같니?"

"아뇨! 이번에는 이쪽이 더 커요."

홍이는 다시 막대기를 옮겼습니다.

"이번에는 어때?"

"네, 이제 똑같아요!"

홍이는 떡 위에 막대기를 올려놓은 모습을 곰곰이 들여다보며 생각했습니다.

'아! 떡 위에 막대기를 올려놓은 모습이 가운데 중(中) 자하고 똑같구나. 가운데 중 자는 이렇게 양쪽이 똑같아야 한다는 뜻에서 나온 글자로구나!'

또 한번은 어느 산골 마을을 지나가다가 나무 그늘에 앉아 쉬고 있는 노인을 만났습니다.

홍이는 노인에게 말을 건넸습니다.

"농사일 많이 힘드시죠?"

그러자 노인이 말했습니다.

"말도 마시오. 평생 밭을 이고 사는 형편이라오. 하긴 사내라면 누구나 다 그렇지만요."

그 말을 듣고 홍이는 생각했습니다.

'사내들은 평생 밭을 이고 산다? 힘 력(力) 자 위에 밭 전(田) 자를 더하면 사내 남(男) 자가 되는구나. 옳거니! 평생 밭을 이고

힘을 쓰는 사람이 사내라는 뜻이로구나!'

이런 식으로 하다 보니, 홍이는 어느새 천자문에 담긴 글자들을 뜻까지 새겨 다 외워 버린 셈이 되었습니다. 그뿐만 아니라 천자문에 없는 글자까지도 그 이치를 새겨 알게 되었고, 심지어 없는 글자는 알맞은 모양으로 새로 만들어 내기까지 했습니다.

이렇게 삼 년이 지나자, 홍이는 식이가 있는 암자로 돌아갔습니다.

그때 식이는 천자문을 달달 외워 "몇 쪽 몇째 줄에 있는 글자!" 하고 말만 해도 대번에 알아맞힐 정도가 되어 있었습니다.

며칠 뒤에 스님이 암자로 내려왔습니다.

"그래, 너희는 내가 준 『천자문』은 다 보았느냐?"

식이는 서슴지 않고 "네!" 하고 대답했지만, 홍이는 머뭇머뭇하며 말을 못 했습니다. 『천자문』은 거들떠보지도 않고 세상 구경만 하러 돌아다녔으니 말입니다.

스님이 말했습니다.

"내가 이리로 오다 보니, 개똥지빠귀가 쥐며느리를 한 마리 잡아먹고 물똥을 뿌지직 싸고 날아가더구나. 자, 이 광경을 글로 적어 보아라."

식이는 움찔 놀랐습니다.

'개똥지빠귀가 쥐며느리를 한 마리 잡아먹고, 물똥을 뿌지직

싸고 날아갔다? 개똥지빠귀? 쥐며느리? 물똥? 뿌지직 싸다?'

아무리 궁리를 해 봐도 천자문에 나온 글자로는 이것을 표현할 길이 없었지요.

그러나 홍이는 척척 써 내려갔습니다. 없는 글자는 모양에 알맞게 만들어 내기도 했습니다.

홍이가 쓴 글을 들여다본 스님은 껄껄껄 웃었습니다.

"식이가 천자문을 외우는 동안 홍이는 만자문을 터득했구나!"

그 말을 듣고 식이는 얼굴이 빨개졌습니다.

생각은 경험을 통해 발전한다

생각은 어떻게 해서 발전하는 것일까요? 식이처럼 꼼짝 않고 앉아 책을 달달 외기만 하면 발전하는 것일까요?

그렇지 않습니다.

우리는 생각이 여러 가지 사물들을 비교하고, 분석하고, 종합하는 과정에서 생겨나고 발전한다는 사실을 배웠습니다.

그렇기 때문에 우리 생각은 직접 보고 듣고 겪는 과정 속에서 싹트고 발전하는 것이랍니다. 어째서 그럴까요?

첫째, 경험은 우리에게 비교하고, 분석하고, 종합할 자료들을 많이 보태 줍니다.

여러분은 『파브르 곤충기』를 읽어 보았나요? 읽지 않았다면 한번 읽어 보세요. 많은 교훈을 얻을 수 있을 것입니다.

이 책을 보면, 파브르가 곤충들의 습성을 알아내려고 수십 번씩 실험을 되풀이하는 모습이 나옵니다. 이렇게도 해 보았다가 저렇게도 해 보았다가⋯⋯. 파브르는 이렇게 수십 차례 실험한 결과를 서로 비교하고, 분석하고, 종합하여 "아하! 말벌은 이러저러한 습성을 가지고 있구나!" 하는 깨달음을 얻었던 것이지요.

둘째, 경험은 우리 생각을 더욱 생생하게 해 줍니다.

예를 들어 여러분이 컴퓨터에 대해 알고 싶어 한다고 해 보세요. 그저 컴퓨터 책을 열심히 들여다보며 컴퓨터 명령어를 달달 외운다면 따분하고 지겹겠지요?

컴퓨터 앞에 앉아 직접 오락도 해 보고, 이것저것 자판도 두드려 보고 해야 생생하게 알게 되는 것이지요.

이렇게 경험은 우리 생각을 발전하게 하는 밑거름이 됩니다.

요즘 어떤 어머니들은 "우리 아이 머리 좋게 하는 약은 없을까?" 하고 궁리한다고도 합니다.

머리가 좋아지는 약은 따로 있는 게 아닙니다. 이것저것 많이 보고, 겪고, 느끼고, 생각하는 게 바로 머리가 좋아지는 비결이지요.

바르게
개념 쓰기

호떡 고을 짚신 서방

옛날, 어느 고을에 돈 많은 부자 양반이 살았습니다.

부자는 형편이 어려운 사람들한테 돈을 빌려 주고 비싼 이자를 받아 챙겼습니다. 그래서 일하지 않고 가만히 앉아만 있어도 저절로 부자가 되었던 것이지요.

그런데 부자는 공부를 하지 않아 글을 읽지도 쓰지도 못하는 까막눈이었습니다.

그러나 부자가 까막눈이라는 사실을 아는 사람은 아무도 없었습니다. 돈을 빌려 줄 때마다 마치 글을 썩 잘 아는 사람마냥 빚 장부를 턱 펼쳐 들고 뭔가 끼적거리기 때문이지요.

돈을 빌려 쓰는 사람들은 대부분 배우지 못한 상민들이라 부자가 무엇을 어떻게 적는지 알 수가 없었습니다. 그저 양반이니까 으레 글을 잘 알겠거니 여겼던 것입니다.

그러나 부자는 실은 빚 장부에 글자를 적는 게 아니라, 그림을

91

그리고 있었습니다. 사람이나 마을 이름을 자기만 알아볼 수 있게 그려 놓는 것이었지요.

이를테면 '강나루 마을에 사는 박 서방'이라고 하면, 강가에 호박을 하나 그려 놓는 식이었습니다.

그러나 돈을 빌려 가는 사람이 점점 많아지자, 부자는 갈수록 헷갈리게 되었습니다.

그러던 어느 봄날, 한 농부가 부자를 찾아와 돈을 빌려 달라고 했습니다.

"돈을 빌려 달라고? 그래, 자네는 어디에 사는가?"

"예, 저는 저기 큰 산 아래에 있는 배 고을에 살고 있습지요."

"음, 자네가 사는 고을 이름이 '배'란 말이지?"

부자는 빚 장부에다가 동그란 배를 하나 그려 넣었습니다.

"자네 이름이 뭔가?"

"예, 사람들이 저를 그저 이 서방이라고 부릅지요."

"그러니까 자네 성이 '이'란 말이지?"

이번에는 장부에다가 길쭉한 동그라미를 하나 그려 놓았습니다. 옷 속에 기어 다니는 이를 그린 것이지요.

부자는 이렇게 해서 배 고을에 사는 이 서방한테 돈을 빌려 주었습니다.

가을이 되었습니다.

92

부자는 빚 장부를 뒤적거리다 배 고을 이 서방이 돈 갚을 때가 된 걸 알게 되었습니다.

부자는 하인을 불러 이렇게 말했습니다.

"여봐라, 너 저기 호떡 고을에 좀 다녀오너라."

하인은 고개를 갸웃했습니다.

"호떡 고을이라굽쇼? 이 부근에 호떡 고을이라는 곳은 없는 뎁쇼?"

부자는 깜짝 놀라 다시 장부를 들여다보았습니다. 그러나 틀림없는 동그란 호떡이었지요.

'가만있자…… 이게 틀림없는 호떡 모양인데, 호떡 고을이 없다구? 그럼 도대체 이게 무슨 고을이지?'

이거 큰일 났구나 싶었지요. 그러나 이내 이 서방이 돈을 빌려 갈 때 큰 산 아래 산다고 한 말을 떠올렸습니다.

"애, 그럼 저기 큰 산 아래 있는 고을 이름이 뭐냐?"

하인은 큰 산 쪽을 바라보며 말했습니다.

"아, 그 고을은 배 고을입지요."

부자는 고개를 끄덕이며 생각했습니다.

'이런, 쯧쯧. 그리고 보니 배를 그려 놓고 배 꼭지를 그리지 않았구먼. 그러니 호떡인 줄 알았지 뭐야.'

부자는 빚 장부에 그려진 동그라미에 꼭지를 하나 그려 놓고는 다시 하인에게 일렀습니다.

"음, 그래 내가 농담 삼아 호떡 고을이라고 했느니라. 너, 저기 배 고을에 사는 짚신 서방한테 좀 다녀오너라."

하인의 눈이 동그래졌습니다.

"예? 짚신 서방이라굽쇼? 세상에 짚신 서방이라는 사람도 다 있습니까요?"

부자는 '아이쿠! 또 뭐가 잘못되었구나.' 싶어 장부를 들여다보았습니다. 그러나 거기에는 꼭 짚신 같은 길쭉한 동그라미가 그려져 있었지요.

'이게 틀림없는 짚신 모양인데……'

부자는 고개를 갸웃갸웃하다가 하인에게 물었습니다.

"얘, 지난봄에 나한테서 돈 빌려 간 배 고을 사람이 누구냐?"

"아, 그 사람은 이 서방입니다요."

부자는 자기도 모르게 그만 이렇게 중얼거렸습니다.

"어허, 이를 그려 놓고 다리를 그리지 않았군! 그러니 그만 짚신인 줄 알았지 뭐야."

그런데 그 말을 하인이 그만 듣고 말았습니다.

"예? 다리 없는 이를 그리셨다굽쇼?"

부자는 '아차!' 싶어 얼른 이렇게 변명했습니다.

"예끼, 이놈! 내가 언제 그렸다고 했느냐? '이' 자를 적어 놓고 그만 다리를 적지 않았다고 했지."

하인은 어이없다는 표정을 지으며 말했습니다.

"그러니까 '이'라는 글자에다가 다리를 적지 않으면 '짚신'이라는 글자가 된다, 이 말씀이시군요."

하인이 하하하 웃음보를 터뜨리자, 부자는 얼굴이 새빨개져서 아무 대꾸도 못했답니다.

 개념

아무리 돈이 많아도 공부를 안 하면 이렇게 망신을 당하게 마련입니다.

부자는 머릿속에 '돈 빌려 간 사람은 어떠어떠하게 생긴 사람이다.'라는 생각을 가지고 있었겠지요? 단지 그걸 말로 표현하지 못해 쩔쩔맨 것뿐이지요. 아마 돈 빌려 간 사람을 직접 만났더라면 대뜸 알아보고, "어서 돈 갚아!" 하고 소리를 쳤을 것입니다.

이렇게 우리는 어떤 것을 보면 꼭 말이나 글로 표현하지 않더라도 머릿속에 이미 그것에 대해 이런저런 생각을 갖게 됩니다.

예를 들어 여러분이 동물원에서 어떤 동물을 처음 보았다고 합시다.

여러분은 이렇게 생각할 것입니다.

'저건 머리는 꼭 낙타처럼 생겼는데, 양처럼 털이 북슬북슬하고, 다리는 사슴처럼 가늘구나.'

이렇게 그 동물의 특징들을 머릿속에 담아 두는 것이지요. 그리고 다음번에 그 동물을 다시 보면, '아, 저번에 봤던 그 동물이구나!' 하고 쉽게 알아차릴 것입니다.

여러분이 본 동물은 '라마'입니다. 그러나 여러분은 '라마'라는 이름을 모르더라도 그 동물과 다른 동물을 구분할 수 있고, 다시 보면 "저번에 봤던 동물이구나!" 하고 말할 수 있을 것입니다. 그것은 동물 이름을 알

기 전에 이미 그 동물의 여러 특징들을 머릿속에 담아 놓았기 때문이지요.

이렇게 어떤 사물에 대한 생각을 '개념'이라고 합니다. 우리가 쓰는 낱말들은 모두 개념을 언어로 표현한 것들이지요. 그것은 "이러저러한 것을 이러저러하게 부르자."고 사람들끼리 약속한 것입니다.

"저기 낙타 머리와 양처럼 북슬북슬한 털과 사슴처럼 가느다란 다리를 가진 동물을 '라마'라고 하자!"

"나무에 매달린 빨갛고 둥근 열매는 '사과'라고 하자!"

"네 변의 길이가 같은 저 사각형을 '마름모'라고 하자!"

이런 식으로 사람들끼리 약속을 한 것이지요. '라마'는 '라마에 대한 개념'을 언어로 나타낸 것이고, '사과'는 '사과에 대한 개념'을 언어로 나타낸 것이고, '마름모'는 '마름모에 대한 개념'을 언어로 나타낸 것이지요.

그래서 낱말은 바뀌어도 개념은 안 바뀝니다.

부자가 '이 서방'을 '짚신 서방'이라고 불렀다고 해서, 그가 전혀 엉뚱한 사람을 떠올린 것은 아니잖아요?

그렇다고 해서 '이 서방'을 '짚신 서방'이라고 마음대로 고쳐 불러도 되는 것은 아닙니다. 그것은 "이러저러한 사람을 이 서방이라고 부르자!" 하고 사람들끼리 약속했기 때문입니다.

그러므로 혼자서야 이 서방을 짚신 서방이라 부르든 고무신 서방이라고 부르든 상관없지만, 다른 사람 앞에서까지 그렇게 부르면 곤란합니다. 당장 하인도 짚신 서방이라는 말을 듣고 어리둥절했잖아요?

여러분은 아마 이렇게 물을지도 모릅니다.

"어? 개념과 낱말은 똑같은데 왜 그걸 구별해야 하죠?"

그래요. 개념과 낱말은 똑같아 보이지요?

자, 그러면 우리가 개념과 낱말을 어째서 구별해야 하는지 다음 이야기를 읽어 봅시다.

먹여 주고 재워 주기

옛날, 어느 마을에 욕심꾸러기 부자가 살았습니다. 부자는 머슴들한테 새경(머슴살이한 대가로 주는 돈)은 적게 주고, 일은 많이 시키기로 소문난 사람이었습니다.

젊은이들이 머슴을 살겠다고 찾아오면 욕심꾸러기 부자는 이렇게 말합니다.

"내가 너를 먹여 주고 재워 주기는 하겠지만, 새경은 한 푼도 줄 수 없다. 그러니 우리 집에서 일을 하려면 하고, 그만두려면 그만두어라."

하지만 당장 먹을 것도 잠잘 곳도 없는 젊은이들은 그렇게라도 머슴살이를 할 수밖에 없었지요.

"알겠습니다. 그저 굶어 죽지 않고 얼어 죽지 않게만 해 주십시오."

부잣집을 찾아온 젊은이들은 이렇게 머슴살이를 시작하지만,

99

죽어라 일만 하고 돈은 한 푼도 모을 수가 없었습니다. 돈을 모아야 집도 사고 땅도 사서 머슴살이를 그만둘 텐데, 돈을 한 푼도 모을 수 없으니 어쩌겠습니까?

결국 늙어 죽을 때까지 부잣집에서 머슴살이를 할 수밖에 없지요.

이렇게 머슴을 거저 부리니 부자는 갈수록 더 많은 돈을 모을 수 있었습니다.

이웃 마을에 사는 꾀동이는 이 소문을 듣고 이렇게 생각했습니다.

'아주 고약한 사람이구먼. 어디 내가 가서 혼 좀 내 주고 와야지.'

꾀동이는 부잣집으로 갔습니다. 그러고는 부자 앞에서 머리를 조아리며 말했습니다.

"제가 당장 오갈 곳 없는 몸이 되어, 어르신 댁에 머슴을 살러 이렇게 찾아왔습니다."

욕심꾸러기 부자가 꾀동이를 보니 몸이 튼튼한 것이 아주 일을 잘할 것처럼 보였습니다. 더구나 오갈 곳이 없는 몸이라니 더욱 잘됐다 싶었지요.

부자는 마치 대단한 선심이라도 쓰는 듯이 꾀동이한테 말했습니다.

"내가 너를 먹여 주고 재워 주기는 하겠지만, 새경은 한 푼도 줄 수 없다. 그러니 우리 집에서 일을 하려면 하고, 그만두려면 그만두어라."

부자는 꾀동이가 그만두겠다고 할까 봐 조마조마했지만, 겉으로는 아무렇지도 않은 척하며 배짱을 튀긴 것이지요.

그러나 꾀동이는 머리를 조아리며 말했습니다.

"예, 그저 먹여 주고 재워 주시면 그걸로 충분합니다요. 저는 새경 따위는 필요 없습니다요."

'옳거니! 저놈도 걸려들었구나.'

부자는 방에 들어가 재빨리 계약서를 적어 왔습니다.

"그렇다면 나중에 딴소리하면 안 되니까, 이 계약서에 손도장을 찍어라. 계약 기간은 삼 년이다, 알겠지?"

"계약을 어기면 어찌 됩니까?"

"그야 관가에 끌려가 죽도록 볼기를 맞아야지. 어떠냐?"

"예, 좋습니다요."

꾀동이는 계약서에 손도장을 찍었습니다.

이렇게 해서 꾀동이는 욕심꾸러기 부자네 집에서 머슴살이를 시작했습니다.

다음 날 아침, 해가 뜨자 부자는 꾀동이 방으로 가 보았습니다. 그런데 꾀동이가 일하러 나갈 생각은 않고 밥상 앞에 멍하니 앉아 있는 게 아닙니까?

그걸 본 부자는 발칵 화를 냈습니다.

101

"아니, 이놈아! 일어났으면 얼른 밥 먹고 일하러 나가야 할 게 아니냐!"

그러나 꾀동이는 태연하게 말했습니다.

"밥을 먹여 주셔야 먹지요."

"이놈아, 밥은 네가 알아서 먹어야지, 내가 떠먹여 줘야 먹느냐?"

"계약서에 분명히 밥을 먹여 주신다고 하지 않았습니까? 그러니 어르신께서 저한테 밥을 먹여 주셔야지요."

"뭐야? 그런 억지가 어디 있어?"

"그럼 계약서를 꺼내 볼까요?"

부자는 자기가 직접 계약서에 그렇게 적어 놓았으니 어쩔 도

리가 없었습니다. 그래서 하는 수 없이 숟가락을 들어 꾀동이한테 밥을 먹여 주었지요. 꾀동이는 손가락 하나 까딱 않고 편안히 앉아 부자가 먹여 주는 밥을 냠냠 쩝쩝 받아먹었습니다.

"아이고, 편해라! 진작 머슴살이를 할걸 그랬어."

부자는 꾀동이가 얄미워 견딜 수가 없었지만 꾹 참았습니다. 계약을 어기는 사람은 관가에 끌려가 죽도록 볼기를 맞기로 약속했으니 말입니다.

이렇게 아침을 먹고 꾀동이는 일을 하러 나갔습니다. 그러고는 점심때가 되자 다시 부자를 찾아와 점심밥을 먹여 달라고 했습니다. 저녁밥을 먹을 때도 마찬가지였지요.

밤이 되어 잠잘 시간이 되자, 꾀동이는 부자에게 말했습니다.

"자, 이제 밤이 되었으니 저를 재워 주십시오."

약이 오를 대로 오른 부자는 발칵 화를 냈습니다.

"뭐야, 이놈아? 네놈 밥 먹여 주는 것만 해도 귀찮아 죽을 노릇인데, 잠까지 재워 달라고?"

"어르신께서 분명히 삼 년 동안 재워 준다고 하지 않으셨습니까? 어디 계약서를 꺼내 볼까요?"

그 말에 부자는 손을 내저었습니다.

"관둬라, 관둬! 재워 주면 될 거 아니냐."

부자는 꾀동이가 잠들 때까지 옛날이야기를 해 주고, 자장가를 불러 주어야 했습니다.

이런 짓을 삼 년이나 해야 한다고 생각하니, 부자는 눈앞이 캄캄했습니다.

며칠 가지 않아 부자는 꾀동이에게 싹싹 빌며 말했습니다.

"머슴도 필요 없으니, 우리 계약은 없던 걸로 하세."

그러나 꾀동이는 살래살래 고개를 저었습니다.

"싫습니다요. 지금 제가 얼마나 편한데 머슴살이를 그만둡니까?"

"아이고, 제발 살려 주게. 계약만 물러 주면 내 재산의 절반을 자네한테 주겠네."

부자는 이렇게 애걸복걸했지요.

꾀동이는 계약을 물러 준 대가로 받은 돈을 다른 머슴들과 나누어 갖고 행복하게 잘살았답니다.

도움말   같은 개념, 다른 개념

개념과 낱말은 같아 보이지만, 완전히 같지는 않답니다.

이를테면 우리는 똑같은 것을 전혀 다른 낱말로 표현하는 경우도 있습니다. 어떤 것들이 그럴까요?

〈엉덩이-궁둥이〉, 〈사람-인간〉, 〈옥수수-강냉이〉, 〈달걀-계란〉, 〈동무-친구〉, 〈아버지-부친〉, 〈죽었다-숨졌다〉……

이런 건 낱말은 다르지만, 똑같은 것을 가리킵니다.

그래서 이런 낱말들을 보면,

"같은 개념이다!"

하고 말하지요.

또 이와는 반대로, 같은 낱말이지만 개념이 다른 경우도 있습니다. 어떤 것들이 그럴까요?

〈먹는 **밤**–깜깜한 **밤**〉, 〈타는 **차**–마시는 **차**〉, 〈잔디밭에 있는 **풀**–종이를 붙이는 **풀**〉, 〈미안할 때 하는 **사과**–먹는 **사과**〉, 〈땅에 **묻다**–선생님께 **묻다**〉, 〈모자를 **쓰다**–맛이 **쓰다**–글씨를 **쓰다**〉 ……

얼마든지 더 들 수 있겠지요?

이런 것들은 같은 낱말이지만, 전혀 다른 것을 가리킵니다.

그래서 이런 낱말들을 보면,

"다른 개념이다!"

하고 말하지요.

그러면 앞 이야기에서 나온 '먹여 주다', '재워 주다'는 어떤 개념일까요?

욕심쟁이 부자가 생각한 '먹여 주다', '재워 주다'와 꾀동이가 생각한 '먹여 주다', '재워 주다'는 같은 개념일까요?

그렇지 않습니다. 욕심쟁이 부자는 이 낱말을 그저 '밥을 주고 잠자리를 준다.'는 개념으로 썼고, 꾀동이는 '밥을 떠먹여 주고, 자장가를 불러 잠을 재워 준다.'는 개념으로 쓴 것이지요.

그러니 이것은 "다른 개념이다!" 하고 말해야겠지요.

욕심쟁이 부자는 계약서를 쓸 때, '먹여 주다', '재워 주다'라는 낱말의 개념을 분명하게 정해 놓지 않았기 때문에 꾀동이한테 된통 혼이 난 것이지요.

개념과 낱말은 이렇게 다르기 때문에, 어떤 낱말을 쓸 때에는 그 낱말이 어떤 개념을 가리키는지 분명하게 써야 합니다. 그렇지 않으면 앞에서 나오는 욕심쟁이 부자처럼 되고 말 테니까요.

다음 굵은 글씨로 쓴 낱말들은 서로 같은 개념일까요, 다른 개념일까요?

- **헌병** 아저씨가 고물상에 **헌 병**을 팔았다.
- 내 말에 찬성하면 **박수**를 보내고, 반대하면 **손뼉**을 치시오.
- 이 문제에 대한 **의사** 선생님의 **의사**는 어떠하신지요?
- 어머니, 꾸중하지 마세요. 저는 비록 국어는 **빵점**을 받았지만, 그래도 산수는 **영점**을 받았어요.
- 모자를 **쓰다** 말고 **쓰다** 남은 종이에 편지를 **쓰다** 보니 입맛이 **쓰다**.

사람이란 무엇인가?

오랜 옛날, 서양에 어떤 철학자가 살고 있었습니다.

그 철학자는 아주 먼 나라까지 이름이 나서 많은 사람들이 가르침을 받으러 모여들었습니다.

그러던 어느 날, 한 젊은이가 찾아와서 이렇게 물었습니다.

"선생님, '사람'이란 대체 무엇입니까?"

철학자는 곰곰이 생각하다가 대답했습니다.

"사람이란 두 발로 걸어다니는 동물이다!"

젊은이는 고개를 끄덕이며 돌아갔습니다.

그런데 다음 날, 젊은이는 닭을 한 마리 가져왔습니다.

"선생님, 이놈은 두 발로 걸어다니는데, 그러면 닭도 사람입니까?"

철학자는 잠시 생각하다가 말했습니다.

"사람이란 두 발로 걸어다니면서 날개가 없는 동물이다!"

젊은이는 다시 고개를 끄덕이며 돌아갔습니다.

다음 날, 젊은이는 고릴라를 한 마리 데려왔습니다.

"선생님, 이놈은 두 발로 걸어다니면서 날개도 없는데, 그러면 고릴라도 사람입니까?"

철학자는 잠시 생각하다가 말했습니다.

"사람이란 두 발로 걸어다니면서 날개가 없으며, 또 털도 없는 동물이다."

젊은이는 다시 고개를 끄덕이며 돌아갔습니다.

다음 날, 젊은이는 고릴라의 털을 면도칼로 박박 밀어 가지고 데려왔습니다.

"선생님, 이놈은 두 발로 걸어다니면서 날개가 없으며, 또 털

도 없습니다. 그러면 이놈은 사람입니까?"

철학자는 잠시 생각하다가 빙그레 웃으며 말했습니다.

"자네는 참 영리한 친구로구먼. 이제 내가 사람이란 무엇인지 분명하게 말해 주지. 사람이란 바로 자네처럼 생각하는 동물이라네."

그 말을 듣고 젊은이는 곧바로 철학자의 제자가 되기로 결심했답니다.

도움말 정의

재미있지요? 정말 그 스승에 그 제자입니다.

여러분은 '사람'이 무엇을 뜻하는 개념인지 머릿속에 금세 떠오를 것입니다. 하지만 막상 "사람이란 무엇인지 설명해 봐라." 하는 질문을 받으면 아마 막막할 것입니다.

"사람이란 생각하는 동물이다."라는 식으로 개념의 뜻을 분명하게 정하는 것을 **정의**라고 합니다.

'정의'라는 말도 별로 듣지 못한 말이지요?

이것은 '정의의 용사'라고 할 때의 정의가 아니라, '개념의 뜻을 정한다.'는 말입니다.

'개념'이나 '정의'는 여러분이 나중에 중고등학교에 가서 수학을 배울 때에도 자주 나오는 말이니까, 여기서 잘 익혀 두세요.

"삼각형이라는 개념의 정의를 내려라."

이런 문제가 나오면 여러분은 이렇게 말하면 됩니다.

"세 개의 직선으로 둘러싸인 평면도형입니다!"

이제 정의가 뭔지 알겠지요?

어떤 것을 정의할 때에는 그것이 다른 것과 구별되는 가장 두드러진 특징을 꼽아야 합니다.

자, 앞에서 철학자가 사람을 어떻게 정의했는지 다시 살펴볼까요?

철학자는 처음에 "사람이란 두 발로 걸어다니는 동물이다."라고 정의했습니다.

이것은 옳은 정의일까요?

아닙니다. 두 발로 걸어다니는 동물은 사람 말고도 많기 때문이지요. 닭이나 타조, 펭귄 같은 새들도 모두 두 발로 걸어다닙니다.

철학자는 그다음에 "사람이란 두 발로 걸어다니면서 날개가 없는 동물이다."라고 정의했습니다.

이것도 옳은 정의가 아닙니다. 고릴라나 침팬지, 캥거루 같은 동물은 사람은 아니지만, 날개도 없고 때때로 두 발로 걸어다니기도 하니까요.

철학자는 또 "사람이란 두 발로 걸어다니면서 날개가 없으며,

또 털도 없는 동물이다."라고 정의했습니다.

이것은 사람에 좀 더 가깝지만 틀린 정의입니다. 그래서 젊은 이처럼 털을 깎은 고릴라를 데려오면 할 말이 없어지지요.

철학자는 마지막으로 "사람은 생각하는 동물이다."라고 정의를 내립니다.

이것은 옳은 정의입니다. 동물 가운데 생각할 수 있는 능력을 가진 것은 오직 사람밖에 없으니까요.

이렇게 어떤 것을 정의할 때에는 그것이 다른 것과 구별되는 가장 두드러진 특징을 꼽아야 합니다.

알아맞혀 보세요!

한 가지만 더 해 볼까요?

'원'은 어떻게 정의하면 좋을까요?

자, 다음 세 어린이 가운데 누가 가장 정확하게 원에 대한 정의를 내렸다고 생각합니까?

민지 : 원은 모가 나지 않은 평면도형이다.

홍규 : 원은 동그란 평면도형이다.

슬기 : 원은 중심에서 둘레에 이르는 길이가 항상 똑같은 평면
　　　도형이다.

슬픔의 반대말은 '안 슬픔'일까요?

학교에 다녀온 윤녕이는 아버지에게 국어 시험지를 꺼내 보이며 울상을 지었습니다.

"아빠, 오늘 국어 시험을 봤는데, 몇 문제 틀렸어요."

"그래? 어디 아빠가 좀 볼까?"

아버지는 국어 시험지를 들여다보았습니다.

윤녕이가 틀린 문제들은 반대말 쓰기였습니다.

'슬픔'의 반대말은? (안 슬픔)

'전진'의 반대말은? (안 전진)

'죽음'의 반대말은? (안 죽음)

답을 본 아버지는 갑자기 크하하하 웃음을 터뜨렸습니다.

윤녕이는 고개를 갸웃거리며 물었습니다.

"왜 웃으세요?"

아버지는 여전히 웃으며 말했습니다.

"네가 쓴 답이 너무 엉뚱해서 그래. 답을 몰라서 그냥 이렇게 쓴 거니, 아니면 이게 진짜 정답이라고 생각해서 이렇게 쓴 거니?"

"저는 이게 정답이라고 생각했어요. 선생님께서는 '슬픔'의 반대말이 '기쁨'이라고 하셨지만, 곰곰이 생각해 보니 어쩐지 그건 반대말이 아닌 것 같았어요. 슬픈 감정하고 반대되는 감정은 하나도 안 슬픈 감정 아닌가요?"

아버지는 고개를 끄덕였습니다.

"그래, 네 생각도 일리는 있구나. 하지만 아빠 생각에는 네가 문제의 뜻을 잘못 짚은 것 같아."

"어째서요?"

"네가 생각한 건 '반대되는 말'이라기보다 '모순 되는 말'이라고 하는 편이 더 정확할 거야."

윤녕이는 고개를 갸웃했습니다.

"모순 되는 말이오?"

"그래, 낱말들 가운데는 반대 관계인 낱말도 있고, 모순 관계인 낱말도 있어."

"반대 관계, 모순 관계……. 좀 어려운데요. 그게 어떻게 달라요?"

"그럼 쉬운 예를 들어 볼까? '희다'의 반대말은 '검다'지? 그러면 희지도 검지도 않은 색깔에는 어떤 것이 있지?"

"그야 빨강, 노랑, 파랑, 초록……."

"그래, 맞았어. 그러면 네 식으로 '희다'의 반대말을 '안 희다'라고 해 보자. 희지도 않고 안 희지도 않은 색깔에는 어떤 것이 있겠니?"

윤녕이는 잠시 망설이다가 말했습니다.

"회색 아닌가요?"

"그건 희지 않은 색깔이잖니?"

"그럼 흰색은요?"

"그건 안 희지 않은 색깔이잖니?"

윤녕이는 한참 동안 궁리했지만, 희지도 않고 안 희지도 않은 색깔을 얼른 떠올릴 수 없었습니다.

"그런 색깔은 없는데요."

"그래, 맞아. 희지도 않고 안 희지도 않은 색깔은 없어. 이렇게 '희다'와 '검다' 사이에는 다른 색깔들이 많이 있지만, '희다'와 '안 희다' 사이에는 다른 색깔이 하나도 없잖니? 이것을 알기 쉽게 그림으로 그려 보면 이렇지."

아버지는 종이를 꺼내 그림을 그렸습니다.

　"이 그림을 보고 생각해 보자. 반대 관계인 낱말과 모순 관계인 낱말이 어떻게 다른 것 같니?"

　"반대 관계인 낱말보다 모순 관계인 낱말이 범위가 더 넓어요."

　"그래, 맞았다. 모순 관계인 낱말에는 두 낱말 사이에 다른 낱말들이 낄 여지가 없지?"

　"네, 정말 반대 관계인 낱말하고는 다르네요."

　아버지는 다시 국어 시험지를 펼쳐 들었습니다.

　"그럼 이제 시험 문제를 좀 볼까? '안 슬픔'은 슬픔과 반대 관계인 낱말일까, 모순 관계인 낱말일까?"

"모순 관계인 낱말이에요."

"그래, 맞았다. 그럼 그림으로 그려 볼까?"

'슬픔'과 반대 관계인 낱말   '슬픔'과 모순 관계인 낱말

"문제에서 요구한 건 반대말이니까, 이때는 '기쁨'이라고 쓰는 게 옳겠지?"

"네, 이제 알겠어요, 아빠!"

윤녕이는 아버지가 한 식으로 그림을 그려 보더니 고개를 갸웃 거렸습니다.

"근데 아빠, 이건 좀 이상한데요. '죽음'과 반대 관계인 낱말하 고 모순 관계인 낱말을 그림으로 그렸더니 이렇게 되었어요."

아버지는 그림을 들여다보았습니다.

'죽음'과 반대 관계인 낱말　　　　　　'죽음'과 모순 관계인 낱말

"그래, 윤녕이가 아주 좋은 걸 발견했구나. 낱말들 가운데에
는 이렇게 반대 관계인 낱말과 모순 관계인 낱말이 완전히 똑같
은 경우도 있어. 이를테면 삶과 죽음, 남자와 여자, 위와 아래,
왼쪽과 오른쪽……. 이런 것들은 반대 관계인 낱말이면서 모순
관계인 낱말이기도 하지. 이런 낱말들에는 또 어떤 게 있겠니?"

"동쪽과 서쪽, 자석의 북극과 남극, 동물과 식물……."

"잠깐만! 동물과 식물은 좀 다른 것 같은데? 이를테면 동물도
식물도 아닌, 바위나 쇠 같은 광물도 있잖니?"

"하지만 생물 가운데 동물도 식물도 아닌 건 없잖아요?"

아버지는 고개를 끄덕이며 웃었습니다.

"그래, 맞았다. 동물과 식물이 모순 되는 경우는 생물에 한해서만 그런 거지."

윤녕이는 웃으며 말했습니다.

"아빠, 이제 제 답이 어째서 틀렸는지 확실히 알겠어요. 정답은 틀렸지만, 맞힌 것보다 더 많이 알게 됐네요."

그 말에 아버지는 껄껄껄 웃었습니다.

"그래? 그렇다면 시험을 볼 때마다 자꾸자꾸 틀려야겠는걸."

도움말　반대 관계인 개념과 모순 관계인 개념

이제 '슬픔'의 반대말을 '안 슬픔'이라고 쓰면 안 되는 까닭을 알겠지요?

개념에는 서로 반대 관계인 개념과 서로 모순 관계인 개념이 있답니다. 이미 앞 이야기에서 다 설명했으니까 도움말은 더 필요 없겠지요?

모순 관계라는 말이 좀 어려우니, 여기서는 모순 관계가 무슨 뜻인지 조금 더 설명할게요.

모순은 '창'과 '방패'라는 뜻이에요. 난데없이 무슨 창과 방패냐구요? 이 말에 얽힌 옛날이야기가 있답니다.

옛날, 중국에 어떤 장사꾼이 장터에 와서 이렇게 말했대요.

"이 창은 어떤 방패든 다 뚫는 창입니다. 그리고 이 방패는 어떤 창이든 다 막아 내는 방패입니다!"

그러자 구경하던 사람이 이렇게 물었지요.

"그 창으로 그 방패를 찌르면 어떻게 됩니까?"

무기 장사꾼은 그 말을 듣고 아무 말도 못했답니다.

'모순 관계'란 이렇게 '함께 성립할 수 없는 관계'를 뜻합니다.

예를 들면, 다음과 같은 말을 봅시다.

"비 오는 달밤에, 나 홀로 둘이서, 풀 없는 잔디밭에 앉아 있었다."

'비가 오는 밤–달이 뜬 밤', '홀로 있다–둘이 있다', '풀이 없는 곳–잔디밭'

어때요? 이것들이 함께 성립할 수 있나요?

이것은 죄다 모순 되는 말들이지요.

알아맞혀 보세요!

$$-2, \ -1, \ 0, \ 1, \ 2$$

위에 있는 수 가운데,

① 양수인 수는 무엇인가요?

120

② 음수가 아닌 수는 무엇인가요?

③ 음수인 수는 무엇인가요?

④ 양수가 아닌 수는 무엇인가요?

귀뜸말 0은 양수도 음수도 아닌 수지요?

개똥이와 쇠똥이

옛날 옛날, 어느 마을에 개똥이라는 머슴이 살았습니다.

개똥이는 열심히 일해서 삼 년 뒤에는 제법 큰돈을 모을 수 있었답니다.

개똥이는 이 돈을 집에 놔두기가 불안했습니다. 도둑이 들어와서 훔쳐 가면 삼 년 동안 애쓴 보람이 순식간에 사라지고 말 테니까요.

개똥이는 여러 날 궁리한 끝에 산속에 땅을 파고 묻어 두기로 했답니다.

"가만있자, 이렇게 했는데도 누가 여기 돈이 있는 줄 알고 파내 가면 어떻게 하지?"

개똥이는 아무래도 안심할 수가 없었습니다.

"옳지! 그렇게 하면 되겠구나!"

개똥이는 돈을 묻어 둔 곳에 팻말을 세워 두기로 했습니다.

《나는 이곳에 돈을 묻어 두지 않았다.

　　　　－ 개똥이》

"하하하, 이제 안심이다!"

개똥이는 손을 탁탁탁 털고 산을 내려왔습니다.

그런데 그 마을에는 개똥이 말고도 쇠똥이라는 머슴이 살고 있었습니다.

쇠똥이는 어느 날, 산에 나무를 하러 갔다가 이상한 팻말을 보았습니다.

"뭐? 나는 이곳에 돈을 묻어 두지 않았다?"

쇠똥이는 고개를 갸웃거렸습니다.

"어디 돈이 묻혀 있나 안 묻혀 있나 파 봐야지."

쇠똥이는 낑낑거리며 땅을 팠습니다.

얼마쯤 팠더니 엽전이 가득 담긴 항아리가 나왔습니다.

"어? 돈이 묻혀 있잖아!"

쇠똥이는 껄껄껄 웃었습니다.

"바보 같은 개똥이 녀석, 돈을 묻어 놓고도 안 묻어 두었다고 써 놨잖아! 어디 혼 좀 나 봐라."

쇠똥이는 돈 항아리를 챙겨 들고 산을 내려오려다 왠지 마음이 켕겼습니다. 개똥이가 혹시 자기를 의심할지도 모른다는 생각이 들었기 때문이지요. 그래서 쇠똥이는 그 자리에 다시 팻말을 하나 꽂아 두었습니다.

《나는 이곳에 묻혀 있던 돈을 가져가지 않았다.

– 쇠똥이》

"하하하, 이제 안심이다!"

쇠똥이는 손을 탁탁탁 털고 산을 내려왔습니다.

다음 날, 개똥이는 묻어 둔 돈이 잘 있나 보려고 산에 올라갔습니다.

개똥이는 돈을 묻어 둔 자리가 파헤쳐져 있는 것을 보고 깜짝 놀랐습니다.

개똥이가 부리나케 땅을 파 보니 묻어 둔 돈이 보이지 않았습니다.

"아이고, 망했다! 어떤 도둑놈이 내 돈을 훔쳐 갔어?"

개똥이는 털썩 주저앉아 땅을 치며 울었습니다.

한참 울다가 보니 쇠똥이가 써 놓은 팻말이 눈에 띄었습니다.

"뭐? 여기 묻혀 있던 돈을 쇠똥이가 가져가지 않았다고? 옳거니! 이제야 알겠군. 이런 고약한……."

개똥이는 부랴부랴 마을로 뛰어 내려왔습니다. 그리고 마을 어귀에 서서 큰 소리로 고래고래 외쳤습니다.

"야! 내 돈 훔쳐 간 이 나쁜 도둑놈들아! 쇠똥이만 빼놓고 몽땅 다 나와!"

(도움말) **판단**

우리는 머릿속에 그냥 개념만 떠올리지 않습니다. 이런저런 개념들을 서로 연결시켜 생각을 합니다.

예를 들어 어린아이가 이렇게 말했다 합시다.

"나, 쉬, 바지, 쌌쩌."

아기는 무슨 말을 한 것일까요?

"나는 바지에 오줌을 쌌다."

이렇게 말한 것이겠지요. 어린아이는 개념을 먼저 배우고, 다음에 그 개념들을 서로 연결시켜 무엇인가 자기 생각을 표현하게 되지요.

이렇게 개념들을 연결시켜 '무엇이 어떠어떠하다'고 결정하는 생각을 **판단**이라고 합니다.

이런 판단을 언어로 표현한 것이 바로 **문장**입니다.

"개똥이는 이곳에 돈을 묻어 두지 않았다."

"쇠똥이는 이곳에 묻혀 있던 돈을 가져가지 않았다."

이것은 모두 어떤 판단을 문장으로 표현한 것입니다.

개똥이와 쇠똥이가 적어 놓은 문장을 자세히 살펴봅시다.

개똥이가 쓴 문장은, '개똥이는 이곳에 돈을 묻어 두었느냐, 묻어 두지 않았느냐'를 따져 '묻어 두지 않았다.'고 결정한 판단입니다.

또 쇠똥이가 쓴 문장은, '쇠똥이는 이곳에 묻혀 있던 돈을 가져갔느냐, 가져가지 않았느냐'를 따져 '가져가지 않았다.'고 결정한 판단입니다.

어떤 판단을 보면, 우리는 그것이 옳은 판단인지 틀린 판단인지를 따질 수 있습니다.

논리를 배울 때 쓰는 문장은 모두 이런 판단을 담고 있는 문장입니다. 그래서 그 판단이 옳은 판단인지, 틀린 판단인지를 따지는 것이지요.

앞에서 개똥이와 쇠똥이가 한 판단은 모두 틀린 것이겠지요?

계륵! 계륵!

여러분은 『삼국지』에 나오는 조조를 잘 알지요?

조조의 부하 가운데 양수라는 사람이 있었습니다. 머리 좋고 눈치 빠르기로 이름난 사람이지요.

조조가 세운 위나라와 유비가 세운 촉나라가 전쟁을 할 때 일입니다.

조조는 영토를 넓히려고 촉나라 땅을 쳐들어갔습니다. 그러나 촉나라 장수 마초가 지키는 땅에 이르자 더 이상 앞으로 나아갈 수 없게 되었습니다. 마초가 어찌나 빈틈없이 지키는지 아무리 공격해도 끄떡없었기 때문이지요.

그래서 조조는 그곳에 진지를 세우고, 상대가 지칠 때까지 버티기 작전을 썼습니다.

이렇게 몇 달이 지나자, 조조는 고민에 빠졌습니다. 전쟁을 안 하고 한곳에 너무 오래 머물다 보니, 병사들 사기가 점점 떨어졌

131

던 것이지요. 게다가 식량도 모자라고, 날씨마저 추워졌습니다.

조조의 장수들 가운데에는, 더 이상 앞으로 나아갈 수 없으니 군대를 일단 철수시키고 다음 기회를 엿보아서 다시 공격하자고 주장하는 사람도 있었습니다.

하지만 그러기에는 촉나라 땅이 너무 탐이 났습니다. 게다가 기껏 군대를 이끌고 나왔다가 물러서는 꼴을 보이면 웃음거리가 될 게 뻔했지요. 그래서 조조는 이러지도 저러지도 못한 채 시간만 끌고 있었습니다.

그러던 어느 날, 조조는 저녁 식사로 닭고기국을 먹게 되었습니다.

조조는 닭갈비를 들여다보며 골똘히 생각에 잠겼습니다.

그때 조조의 장수 하후돈이 들어와서 물었습니다.

"오늘 밤에는 암호를 무엇으로 정하면 좋겠습니까?"

조조는 혼잣말로 중얼거렸습니다.

"계륵! 계륵!"

계륵이란 바로 '닭의 갈비뼈'를 뜻하는 말이지요.

하후돈은 밖으로 나와 다른 장수들한테 오늘 밤 암호는 '계륵'이라고 알렸습니다.

양수는 하후돈의 말을 듣고 고개를 끄덕였습니다. 그러고는 잠시 뒤 자기가 이끄는 병사들에게 철수 준비를 하라고 일렀습니다.

조조가 군대를 철수하라는 명령도 내리지 않았는데, 이상한 일이지요?

누군가 이 일을 하후돈에게 알려 주었습니다. 깜짝 놀란 하후돈이 양수에게 달려갔습니다.

"왜 철수할 준비를 하는 거요?"

그러자 양수가 이렇게 대답했습니다.

"며칠 뒤면 조조 승상께서 철수 명령을 내리실 겁니다."

"그걸 어떻게 아시오?"

"오늘 저녁에 조조 승상께서 '계륵'이라고 말씀하신 것을 듣고 알았지요. 장군, 닭갈비를 먹을 때 어떻습디까? 발라 먹자니 번거롭고, 버리자니 어쩐지 아까운 생각이 들지 않습니까?"

"그야 그렇지요."

"지금 우리 처지가 꼭 그 모양이지요. 조조 승상께서는 철수할 생각을 하며 '계륵'이라고 말씀하신 겁니다. 그래서 철수할 때 허둥대지 않으려고 미리 준비하라고 시킨 것이지요."

하후돈은 고개를 끄덕였습니다.

얼마 지나지 않아 양수의 말은 그대로 맞아떨어졌습니다.

조조가 장군들에게 군대를 철수시키라고 명령 내린 것입니다.

'계륵'이라는 말은 바로 이때 생긴 말입니다. 계륵은 '가질 수도 버릴 수도 없는 것'을 가리킬 때 쓰는 말이지요.

도움말 **판단과 문장**

판단을 언어로 표현한 것이 문장이라고 했지요?

그런데 우리가 쓰는 문장 가운데에는 판단을 나타내지 않은 문장도 있습니다. 다음 문장을 살펴봅시다.

- 네 이름이 뭐니?
- 어서 공부해!
- 만세!

이렇게 물음이나 명령이나 감탄을 나타내는 문장들은 판단을 담고 있지 않습니다. 그래서 이런 문장들은 옳은지 틀린지 따질 것이 없습니다.

이 문장들을 다음 문장과 비교해 봅시다.

- 내 이름은 최슬기이다.
- 학생은 공부를 해야 한다.
- 나는 기쁘다.

이 문장들은 각각 '내 이름은 최슬기냐, 아니냐', '학생은 공부를 해야 하느냐, 하지 않아야 하느냐', '나는 기쁘냐, 기쁘지 않으냐'를 결정하는 문장들이지요.

이처럼 판단을 나타내는 문장들은 보통 '무엇이 무엇이다', '무엇이 어떠하다', '무엇이 어찌하다' 식으로 되어 있습니다.

그러나 문장만 보고는 어떤 판단을 나타내는지 구분하기 힘듭니다.

예를 들어 이런 문장을 생각해 봅시다.

"내가 바보냐?"

이것은 물음을 나타내기보다는 "나는 바보가 아니다."는 판단을 나타내고 있습니다.
또 이런 문장은 어떨까요?

"나는 인사 잘하는 어린이를 참 좋아해요."

이것은 어떤 판단을 나타내기보다는 오히려 "인사 잘해라!"는 명령을 나타내고 있습니다.
이처럼 말하는 사람의 태도나 분위기에 따라 그것이 무엇을 나타내는 문장인지가 달라집니다.
앞에서 조조가 "계륵! 계륵!" 하고 말한 것도 그렇습니다. 이 말은 감탄을 나타내기보다는, '나는 군대를 철수시킬 수밖에 없다.'는 판단을 감추고 있지요?
하지만 논리에서는 비록 판단을 담고 있다 해도 "내가 바보냐?", "계륵! 계륵!" 같은 식의 문장은 쓰지 않습니다. 이런 문장은 말하는 사람이 어떤 뜻으로 말했는지 정확하지 않기 때문이지요.
논리에서 쓰는 문장은 "나는 바보가 아니다.", "나는 군대를 철수시킬 수밖에 없다." 같은 식으로 정확하게 쓴 문장입니다.

다음 문장은 실제로 무엇을 나타내는 문장인지 〈보기〉에서 골라 보세요.

- 슬기가 어디가 예쁘냐?
- 뻥이야!
- (골목길에서 강도가 칼을 들이대며 한 말입니다.)
  가지고 있는 돈을 몽땅 저한테 주신다면, 당신을 곱게 보내 드리겠습니다.
- (친구네 집에서 늦게까지 놀았더니 친구 어머니가 한 말입니다.)
  벌써 밤이 늦었다.

〈보기〉

① 내 말은 거짓말이다.
② 이제 그만 집에 가라!
③ 돈 내놔!
④ 슬기는 예쁘지 않다.

화씨의 구슬

아주 먼 옛날, 중국 땅에 '초'라고 하는 나라가 있었습니다. 초나라에는 '화'씨 성을 가진 정직한 선비가 살고 있었지요.

화씨는 어느 날, 산에 올라갔다가 골짜기에서 아주 진귀한 구슬을 발견했습니다.

"야, 이건 아주 훌륭한 구슬이구나! 임금님께 바치면 좋아하실 거야."

화씨는 구슬을 들고 임금이 살고 있는 궁궐로 갔습니다.

그때 초나라 임금은 '여왕'이라고 하는 왕이었습니다.

화씨가 구슬을 바치자, 여왕은 의심스러운 눈초리로 그 구슬을 들여다보았습니다.

"이게 구슬이라고? 정말이냐?"

"예, 그것은 진짜 구슬이옵니다."

"궁 안에 구슬인지 아닌지를 검사하는 감정사가 있느니라. 감

138

정사에게 이것을 검사해 보라고 해야겠다."

여왕은 감정사를 불러 화씨가 바친 구슬을 보여 주었습니다.

감정사는 구슬을 한참 동안 들여다보더니 말했습니다.

"임금님, 이것은 구슬이 아니라 돌이옵니다."

여왕은 감정사의 말을 듣고 화씨에게 벌컥 화를 냈습니다.

"네 이놈! 어찌 돌을 가져와서 구슬이라고 나를 속이느냐!"

그러나 화씨는 자기 주장을 굽히지 않았습니다.

"아닙니다. 이것은 틀림없는 구슬이옵니다. 감정사가 잘못 안 것입니다."

"감정사가 잘못 안 거라고? 내 감정사는 보물을 감정하는 데

도가 트인 사람이다. 어찌 너 같은 촌놈이 감히 내 감정사의 실력을 의심하느냐?"

"구슬은 구슬이고 돌은 돌인데, 감정사가 구슬을 돌이라 했다 하여 구슬이 돌이 될 수는 없사옵니다."

화씨는 꿋꿋하게 말했습니다. 그러나 여왕은 화씨의 말을 믿지 않고 병사를 불러 명령했습니다.

"여봐라, 이 사기꾼을 끌고 가서 왼발을 잘라 내쫓아 버려라!"

이렇게 해서 화씨는 왼발이 잘린 채 집으로 돌아왔습니다.

그 뒤 여왕이 죽고, 무왕이 임금 자리에 올랐습니다.

화씨는 그 소식을 듣고 무왕을 찾아갔습니다.

"임금님, 저는 임금님께 구슬을 바치러 왔습니다."

그러나 무왕도 감정사를 불러 화씨의 구슬을 검사해 보라고 했습니다.

감정사는 이번에도 똑같이 말했습니다.

"임금님, 이것은 구슬이 아니라 돌이옵니다."

무왕도 여왕처럼 화씨에게 마구 화를 냈습니다.

"이놈! 네가 어찌 감히 왕에게 돌을 가져와 구슬이라고 거짓말을 하느냐!"

화씨는 이번에도 꿋꿋하게, 그것은 돌이 아니라 구슬이라고 주장했습니다.

화가 난 무왕은 화씨의 오른발마저 잘라 버리라고 명령을 내렸습니다.

화씨는 구슬을 바치려다 두 발을 모두 잃었습니다.

오랜 세월이 흐른 뒤, 무왕이 죽고 문왕이 임금 자리에 올랐습니다.

화씨는 무왕이 죽었다는 소식을 듣고 산속에 들어가 사흘 밤, 사흘 낮을 슬피 울었습니다. 어찌나 울었던지 나중에는 눈물이 마르고 눈에서 피가 쏟아졌습니다.

화씨가 산속에서 피눈물을 흘리며 울고 있다는 소문이 온 나라에 퍼졌습니다. 그 소문은 마침내 문왕의 귀에까지 들어갔습니다.

문왕은 신하들에게 화씨를 불러오라고 명령을 내렸습니다.

화씨가 오자, 문왕이 물었습니다.

"너는 무슨 까닭에 산속에 들어가 그리 슬피 우느냐?"

화씨는 그동안 구슬을 바치려 했던 사연을 그대로 말했습니다.

문왕은 고개를 끄덕이며 화씨의 딱한 사연을 들었습니다.

"그래, 두 발을 모두 잘렸으니 정말 안된 일이로구나."

그러자 화씨가 말했습니다.

"임금님, 저는 두 발이 잘린 게 억울해 슬피 우는 것이 아닙니다."

"그러면 무엇 때문에 슬피 우느냐?"

"구슬을 돌이라 몰아붙이고, 정직한 선비를 거짓말쟁이라 몰아붙이는 게 너무 서러워 우는 것입니다."

문왕은 화를 내며 화씨에게 말했습니다.

"그럼 너는 두 발이 모두 잘리고도 아직까지 그것이 구슬이라고 주장하느냐? 네가 계속 구슬이라 우기면 이번에는 네 목을 잘라 버리겠다."

화씨는 굽힘 없이 말했습니다.

"임금님께서 제 목을 자르신다 해도 구슬을 돌이라 할 수는 없습니다. 이것은 틀림없는 구슬이옵니다."

문왕은 화씨의 꿋꿋한 태도에 감탄하여 고개를 끄덕이지 않을 수 없었습니다.

도움말 참과 거짓

앞 도움말에서 우리는 어떤 판단에 대해 옳은지 틀린지를 따질 수 있다고 했지요?

이때 판단이 옳으면 **참**, 그르면 **거짓**이라고 합니다.

- 금붕어는 물고기이다.
- 금붕어는 물고기가 아니다.

첫 번째 문장은 옳은 판단이며, 참입니다. 두 번째 문장은 틀린 판단이며, 거짓입니다.

이렇게 판단은 참이거나 거짓이거나 둘 중에 하나입니다.

앞에 나오는 판단도 그렇습니다.

- 화씨 : 이것은 구슬이다.
- 감정사 : 이것은 구슬이 아니다.

이 두 판단 가운데 하나는 참이고, 하나는 거짓이겠지요.

우리는 일상생활에서 수많은 판단을 하고, 그 판단을 바탕으로 행동합니다. 그래서 판단을 올바르게 해야만 행동도 올바르게 할 수 있습니다.

그러나 어떤 판단이 참인지 거짓인지를 가려내는 일은 그리 쉬운 일이 아닙니다.

참과 거짓을 가려내는 방법에는 두 가지가 있습니다.

하나는 "길고 짧은 것은 대봐야 안다."는 속담처럼 직접 실천해 보는 방법이고, 다른 하나는 논리를 써서 잘못이 있는지 없는지를 따져 보는 방법입니다.

직접 실천하는 방법은 참과 거짓을 가름하는 데 가장 밑바탕이 되는 방법이며, 또 가장 확실한 방법입니다. 그러나 그것이 여러 가지 사정 때문에 어려울 때는 논리를 써서 따져 보는 방법을 쓰는 것이지요.

예를 들어 옛날 사람들은 지구가 둥근가 평평한가를 놓고 수천년 동안 옥신각신했습니다.

우주선을 타고 하늘로 올라가 지구를 내려다보면, 지구가 둥근지 평평한지 가장 확실히 알 수 있겠지요? 그러나 옛 사람들은 우주선이 없었기 때문에 이런 문제를 논리로 따질 수밖에 없었지요.

그러나 논리로 따진다고 해서 정확하지 않은 것은 아닙니다. 그래서 우주선이 없던 시절에도 현명한 사람들은 논리로 따져서 지구가 둥글다는 사실을 이미 알고 있었지요.

자, 그럼 판단에는 어떤 것들이 있는지 알아봅시다.

담벼락 낙서 싸움

어느 동네 부잣집 담벼락이 낙서로 심하게 더럽혀졌습니다. 물론 동네 아이들이 한 짓이었지요.

집주인 아저씨는 담벼락을 새로 깨끗하게 칠하고 이렇게 적어 놓았습니다.

《이 담벼락에 낙서를 하는 사람은 벼락을 맞는다.》

"요놈들, 이제 낙서를 못하겠지!"

주인아저씨는 손을 탁탁 털며 이렇게 중얼거렸습니다.

그런데 며칠 뒤, 주인은 동네 아이들이 이 글귀에다 '안' 자를 하나 더 집어넣은 것을 발견했습니다.

《이 담벼락에 낙서를 하는 사람은 벼락을 안 맞는다.》

"하! 요놈들 봐라!"

주인아저씨는 재빨리 집으로 들어가 페인트통을 들고 나왔습니다. 그러고는 글귀에다 다시 '안' 자를 하나 더 집어넣었습니다.

《이 담벼락에 낙서를 안 하는 사람은 벼락을 안 맞는다.》

그런데 다음 날, 동네 아이들이 앞서 적은 '안' 자를 몰래 지워 놓았습니다.

《이 담벼락에 낙서를 안 하는 사람은 벼락을 맞는다.》

"뭐? 낙서를 안 하면 벼락을 맞는다구? 이런 괘씸한 놈들!"
주인아저씨는 화가 나서 다시 페인트통을 들고 나왔습니다.

《이 담벼락에 낙서를 안 하는 사람은 벼락을 맞는다, 하고 말한 사람은 벼락을 맞는다.》

다음 날 주인이 나가 보니, 동네 아이들이 이번에는 주인이 적은 '안' 자를 지워 놓았습니다.

《이 담벼락에 낙서를 하는 사람은 벼락을 맞는다, 하고 말한 사람은 벼락을 맞는다.》

"이게 뭐야? 그럼 내가 벼락을 맞는다는 소리잖아!"
주인아저씨는 화가 나서 다시 글귀를 고쳐 놓았습니다.

《이 담벼락에 낙서를 하는 사람은 벼락을 맞는다, 하고 말한 사람은 벼락을 안 맞는다.》

다음 날 나가 보니, 글귀가 또 고쳐져 있었습니다.

《이 담벼락에 낙서를 하는 사람은 벼락을 맞는다, 하고 안 말한 사람은 벼락을 안 맞는다.》

주인아저씨는 머리끝까지 화가 났습니다.
"좋아! 누가 이기나 끝까지 해 보자!"

《이 담벼락에 낙서를 하는 사람은 벼락을 맞는다, 하고 안 말한 사람은 벼락을 안 맞는다, 하고 말한 사람은 벼락을 맞는다.》

이런 식으로 며칠 동안 옥신각신하다 보니, 나중에는 글귀가 무슨 뜻인지 알아볼 수도 없을 지경이 되었지요. 이래저래 담벼락만 온통 낙서로 얼룩덜룩 뒤덮이고 말았답니다.

도움말 긍정 판단과 부정 판단

① 담벼락에 낙서를 하는 사람은 벼락을 맞는다.
② 담벼락에 낙서를 하는 사람은 벼락을 안 맞는다.

이 두 문장에서 ①은 '그렇다'는 판단을, ②는 '아니다'는 판단을 나타내고 있습니다.

무엇을 '그렇다'고 하는 판단을 **긍정 판단**이라고 합니다. 또 무엇을 '아니다'라고 하는 판단을 **부정 판단**이라고 합니다.

긍정 판단과 부정 판단은 서로 반대되는 관계에 있습니다. 그래서 부정 판단을 다시 부정하면 긍정 판단이 되고 맙니다.

- 나는 학교에 갔다. (긍정 판단)
- 나는 학교에 가지 않았다. (부정 판단)
- 나는 학교에 가지 않지 않았다. (부정 판단을 다시 부정한 판단)

여기서 "나는 학교에 가지 않지 않았다."는 결국 "나는 학교에 갔다."는 말이 되겠지요?

149

자, 재미있는 이야기를 하나 더 들어 볼까요?

어떤 겁쟁이 젊은이가 전쟁터에 나가 적군 병사를 쫓아가면서 이렇게 외쳤습니다.

"이놈! 거기 서……."

그때 적군 병사가 휙 돌아보는데, 무시무시하게 생겼거든요. 그래서 젊은이는 얼른 말꼬리를 돌렸습니다.

"……지 말……."

이렇게 말하려는 순간, 자기편 병사들이 우르르 몰려왔습니다. 그것을 본 젊은이는 용기를 얻어 얼른 말꼬리를 돌렸습니다.

"……지 말……."

그러는 순간, 저쪽 숲에서 더 많은 병사들이 우르르 몰려 나왔습니다. 젊은이는 깜짝 놀라 다시 말꼬리를 돌렸지요.

"……지 말……."

그런데 가만 보니, 그 병사들은 자기편 병사였습니다. 그래서 젊은이는 안심하고 다시 힘차게 외쳤습니다.

"……지 말아랏!"

젊은이의 말을 들은 병사들은 마구 웃음을 터뜨렸지요.

"뭐? 거기 서지 말지 말지 말지 말아라? 우하하하하!"

그래서 겁쟁이 젊은이는 '지말'이라는 별명을 얻어 두고두고 놀림감이 되었다고 합니다.

아무리 겁쟁이라지만 이렇게 오락가락해서야 안 되겠지요?

예수님은 제자들에게 이렇게 가르쳤답니다.

"너희는 그저 '예' 할 것을 '예' 하고, '아니오' 할 것을 '아니오'라고만 하여라. 그 이상의 말은 악에서 나오는 것이다."

그래요. 긍정 판단과 부정 판단을 분명하게 가름해야만 바른 판단을 할 수 있답니다.

머리가 아픈 개와 배가 아픈 뱀

옛날에 어떤 개가 몹시 심한 두통을 앓고 있었습니다. 그래서 날마다 머리를 싸쥐고 낑낑거리며 지내야 했지요.

그러던 어느 날, 숲에서 뱀을 만났습니다.

뱀이 개에게 물었습니다.

"너는 어째서 그렇게 낑낑거리며 다니니?"

"머리가 아파서 그래."

"그래? 나한테 머리 아픈 데 좋은 약이 있는데."

그 말을 들은 개는 눈을 번쩍 뜨며 말했습니다.

"그럼 그 약 좀 줘. 머리가 아파 곧 죽을 것만 같아."

뱀은 얼굴을 찌푸렸습니다.

"하지만 그냥 줄 수는 없어. 내가 배탈이 나서 배가 몹시 아프거든. 네가 낫게 해 준다면 나도 네 머리를 낫게 해 줄게."

개는 고개를 끄덕였습니다.

"그거야 문제없어. 나한테 아주 좋은 방법이 있거든. 그러니
어서 내 머리나 좀 낫게 해 줘."

그 말을 듣고 뱀은 숲 속에 들어가 약초 한 뿌리를 가지고 나
왔습니다.

"자, 이 약 먹어. 머리가 씻은 듯이 나을 거야."

개는 뱀이 준 약초를 날름 집어먹었습니다.

얼마쯤 지나자, 정말 머리 아픈 게 씻은 듯이 나았습니다. 개
는 놀라워하며 말했습니다.

"고맙다. 정말 신통한 약이구나."

"그래, 이제 내 배 낫게 하는 방법을 가르쳐 줘. 나는 지금 배
가 아파 견딜 수가 없어."

뱀이 얼굴을 찌푸리며 다그치자, 개가 말했습니다.

"나는 배가 아플 때마다 저기 빨래터 옆에 있는 너럭바위 위에 엎드려 있어. 햇볕에 따뜻하게 데워진 바위에 배를 대고 있으면, 배 아픈 게 씻은 듯이 말짱해지지."

그 말을 들은 뱀은 얼른 빨래터 옆에 있는 너럭바위로 올라가 엎드렸습니다.

그런데 마침 빨래하러 온 아가씨들이 바위에 엎드려 있는 뱀을 보았습니다. 아가씨들은 기겁을 하며 비명을 질렀지요.

그러자 마을 사내들이 비명 소리를 듣고 달려왔습니다.

마을 사내들은 돌멩이를 들어 바위 위에 있는 뱀을 단번에 때려죽였습니다.

죽은 뱀을 본 개가 머리를 절레절레 흔들며 이렇게 중얼거렸습니다.

"뱀아, 미안하다. 내가 그만 깜박 잊어버리고 그 방법이 어떤 동물들한테는 알맞지 않다는 말을 해 주지 않았구나."

도움말 '특칭'과 '전칭'

그래요. 개는 바로 '어떤'과 '모든'을 착각한 것입니다.

① 어떤 동물들은 너럭바위에 엎드려 있으면 아픈 배가 말끔히

154

낫는다.

② 모든 동물들은 너럭바위에 엎드려 있으면 아픈 배가 말끔히 낫는다.

이 두 판단은 엄청나게 다른 것이지요.

①처럼 '어떤 것'에만 해당하는 판단을 **특칭 판단**이라고 합니다. 또 ②처럼 '모든 것'에 해당하는 판단을 **전칭 판단**이라고 합니다.

특칭은 '**특**히 그것만 가리킴'이라는 뜻이고, 전칭은 '그것 **전**부를 가리킴'이라는 뜻이에요.

이렇게 판단에는 어떤 것에만 해당하는 특칭 판단과 모든 것에 해당하는 전칭 판단이 있습니다.

우리가 쓰는 문장마다 모두 '어떤'과 '모든'을 달아 주면 그게 어떤 판단인지 쉽게 구분할 수 있을 텐데, 이것이 생략된 문장이 더 많답니다. 그러니 그런 문장을 읽을 때는 잘 생각해서 가려내야겠지요.

자, 다음과 같은 문장들은 모두 특칭 판단을 나타내며, '어떤'으로 시작하는 문장으로 바꿔 쓸 수 있습니다.

- 다른 사람 물건을 훔치는 사람도 있다.
  ⇨ 어떤 사람은 다른 사람 물건을 훔친다.

- 초등학생들 가운데에는 어른보다 더 컴퓨터를 잘 다루는 학생이 있다.

  ⇨ 어떤 초등학생은 어른보다 더 컴퓨터를 잘 다룬다.

- 우리에게 해로운 책이 있다.

  ⇨ 어떤 책은 우리에게 해롭다.

또 다음과 같은 문장들은 모두 전칭 판단을 나타내며, '모든'으로 시작하는 문장으로 바꿔 쓸 수 있습니다.

- 호랑이는 고기를 좋아한다.

  ⇨ 모든 호랑이는 고기를 좋아한다.

- 우리 반 학생들은 누구나 명랑하다.

  ⇨ 모든 우리 반 학생들은 명랑하다.

- 독재자는 결국 망하게 마련이다.

  ⇨ 모든 독재자는 망한다.

어때요? 잘 구분할 수 있겠지요?

다음 문장을 '어떤'으로 된 특칭 판단 문장이나 '모든'으로 된 전칭 판단 문장으로 바꿔 써 보세요.

- 반짝이는 것이 다 금은 아니다.
  ⇨

- 뱀을 애완동물로 기르는 사람도 있다.
  ⇨

- 어린이는 나라의 보배이다.
  ⇨

- 폭력 만화 가운데 해롭지 않은 것이라곤 하나도 없다.
  ⇨

잘못한 판단

옛날, 어떤 선비가 길을 가다가 잠시 주막집에 들르게 되었습니다.

점심 식사를 마치자, 선비는 다시 길 떠날 채비를 하며 주막집 주인에게 물었습니다.

"이 주막에서 가까운 마을이 어딘가요? 오늘 밤에는 그 마을에 가서 신세 좀 져야겠습니다."

주막집 주인은 두 갈래로 난 갈림길을 가리키며 대답해 주었습니다.

"예, 저 갈림길에서 오른쪽 길로 쭉 가면 밤골이라는 마을이 나오고, 왼쪽 길로 쭉 가면 샘골이라는 마을이 나오지요."

"어느 마을 사람들이 더 친절한가요?"

"친절하기로 따지면, 두 마을 사람들 모두가 친절하지요."

선비는 어느 마을에 가야 더 잘 얻어먹을 수 있는지 묻고 싶었지만, 점잖은 선비 체면에 차마 대놓고는 물어볼 수가 없었습니다.

선비는 잠시 주막에 온 손님들을 유심히 살펴보다가 다시 물었습니다.

"저기 밥을 먹고 있는 뚱뚱한 젊은이는 어느 마을 사람입니까?"

주막집 주인은 뚱뚱한 젊은이를 힐끗 쳐다보고는 말했습니다.

"아, 저 사람은 밤골 사람이지요."

선비는 다른 손님을 가리키며 물었습니다.

"그럼 저기 바짝 마른 노인은 어느 마을 사람입니까?"

"저 노인은 샘골 사람이군요."

선비는 알겠다는 듯이 고개를 끄덕였습니다.

'밤골 사람들은 잘 먹으니까 저렇게 뚱뚱하고, 샘골 사람들은 먹을 게 없으니 저렇게 바짝 말랐을 거야. 그렇다면 밤골에 가야 잘 얻어먹을 수 있겠군.'

선비는 속으로 이렇게 판단하고 주막을 나섰습니다. 그러고는 밤골로 가는 오른쪽 길로 접어들었습니다.

선비가 밤골 쪽으로 가는 것을 보고 주막집 주인은 혀를 끌끌 차며 중얼거렸습니다.

"쯧쯧, 샘골로 가야 잘 얻어먹을 수 있을 텐데, 지지리도 가난한 밤골로 가고 있군. 저 젊은이는 밤골에서 가장 뚱뚱한 사람이고 저 노인은 샘골에서 가장 마른 사람인데, 그것도 모르고……. 한 사람이 뚱뚱한 걸 보고 마을 사람 전체가 뚱뚱하리라 생각하니, 정말 어리석은 선비로군."

도움말 특칭 판단과 전칭 판단은 크고 작은 관계

그래요. 선비는 좀 더 자세히 알아보지 않고 섣부르게 판단한 것이지요.

- 어떤 밤골 사람은 뚱뚱하다.

  ⇨ 그러므로 모든 밤골 사람은 뚱뚱하다.

이것은 옳은 판단일까요? 그렇지 않지요?

자, 다음 그림을 보면, 여러분은 선비의 판단이 어째서 섣부른 것인지 쉽게 알 수 있을 것입니다.

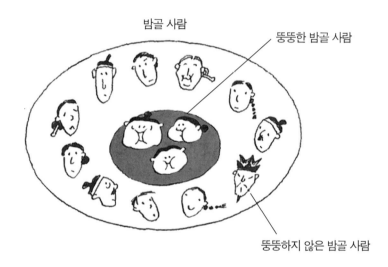

그림에서 보듯이, 모든 것을 가리키는 전칭 판단은 어떤 한 부분을 가리키는 특칭 판단보다 큽니다.

이처럼 특칭 판단과 전칭 판단은 크고 작은 관계입니다.

우리는 이 이야기에서 다음과 같은 사실을 알 수 있습니다.

"아하! '어떤 ○○은(는) □□이다.'가 옳다고 해서, '모든 ○○ 은(는) □□이다.'까지 옳은 판단은 아니구나!"

맞아요! 이 판단은 무조건 참일 수는 없고, 경우에 따라서 참이 되거나 거짓이 되기도 합니다. 다음 문장들을 봅시다.

- 어떤 색깔은 흰색이다.
  모든 색깔은 흰색이다.
  (이 경우에 특칭 판단은 참이고, 전칭 판단은 거짓입니다.)

- 어떤 호랑이는 육식 동물이다.
  모든 호랑이는 육식 동물이다.
  (이 경우에 특칭 판단은 참이고, 전칭 판단도 참입니다.)

- 어떤 우리 반 아이들은 야구를 좋아한다.
  모든 우리 반 아이들은 야구를 좋아한다.
  (이 경우에 특칭 판단은 참이라도 전칭 판단이 참인지 거짓인지 알 수 없습니다.)

이제 확실히 알겠지요? 이 점을 혼동하면 선비와 같은 실수를 저지르게 된답니다.

그렇다면 전칭 판단이 참인 판단일 때에는 어떨까요? 이때 특칭 판단은 무조건 참인 판단이 됩니다.

만일 밤골 사람이 모두 뚱뚱하다면, 밤골 사람이면 개똥이 쇠똥이 할 것 없이 다 뚱뚱할 것입니다.

- 모든 밤골 사람은 뚱뚱하다.
  어떤 밤골 사람은 뚱뚱하다.
  (전칭 판단이 참일 때 특칭 판단은 무조건 참입니다.)

마크 트웨인의 사과

여러분은 『왕자와 거지』, 『톰 소여의 모험』, 『허클베리 핀의 모험』을 읽었나요?

이 작품들을 쓴 사람은 미국 작가 마크 트웨인이지요. 마크 트웨인은 좋은 작품을 쓴 작가로도 유명하지만, 바른말 잘하기로도 아주 이름난 사람이었습니다.

그는 이렇게 말하기도 했습니다.

"겁쟁이, 위선자, 아첨꾼 들은 일 년에 수백 명씩 태어난다. 그러나 용감하게 바른말 할 줄 아는 위인이 한 명 태어나는 데에는 수백 년이 걸린다."

마크 트웨인도 바로 그런 '위인' 가운데 한 사람이지요.

미국의 남북 전쟁이 끝날 무렵, 미국 사회는 아주 혼란스러웠습니다. 정부와 국회의원들은 제 이익 챙기기에만 눈이 어두워 국민들이야 어찌 되든 아랑곳하지 않았지요.

마크 트웨인은 『금으로 도금해 놓은 시대』라는 소설을 써서 미국 사회의 이런 추한 모습들을 날카롭게 비판했습니다.

이 소설이 발표된 뒤, 마크 트웨인은 신문기자들 앞에서 이렇게 말했습니다.

"어떤 국회의원은 멍텅구리입니다!"

기자들은 이 말을 신문에 그대로 실었습니다.

신문을 본 국회의원들은 크게 화를 내며 마크 트웨인을 위협했습니다.

"무슨 말을 그따위로 하는 거야! 당신이 그 말을 취소하지 않으면 가만두지 않겠소!"

협박이 어찌나 거셌던지 마크 트웨인도 한 걸음 물러나지 않을 수 없었습니다. 그래서 마크 트웨인은 자기 말을 취소한다는 기사를 신문에 발표하기로 했습니다.

며칠 뒤, 신문에는 마크 트웨인이 쓴 사과문이 실렸습니다.

사 과 문

저는 얼마 전에 기자들 앞에서 "어떤 국회의원은 멍텅구리입니다." 라고 말했습니다.

이 기사가 나간 다음, 저는 국회의원들한테서 거센 항의를 받았습니다.

그리고 곰곰이 생각해 보니, 저는 제 말이 잘못되었음을 깨닫게 되었습니다. 그러므로 저는 오늘 이 자리에서 지난번 제가 한 말을 취소하려고 합니다. 다시 말하겠습니다.

"어떤 국회의원은 멍텅구리가 아닙니다!"

도움말 특칭 판단과 전칭 판단을 부정하면?

앞에서 긍정 판단과 부정 판단은 서로 반대되는 판단을 나타낸다고 했지요?

169

그런데 이것은 어떤 한 부분만 가리키는 특칭 판단이냐, 모든 것을 가리키는 전칭 판단이냐에 따라 조금 달라집니다.

앞에서 마크 트웨인이 한 판단을 봅시다.

- 어떤 국회의원은 멍텅구리이다.
  어떤 국회의원은 멍텅구리가 아니다.

이것은 반대되는 판단이라고 보기에는 어딘지 좀 이상하지요? 이것을 다음과 같은 전칭 판단과 비교해 보세요.

- 모든 국회의원은 멍텅구리이다.
  모든 국회의원은 멍텅구리가 아니다.

이처럼 전칭 판단에서는 긍정 판단과 부정 판단이 완전히 반대되는 판단이 됩니다.

그러나 특칭 판단에서는 긍정 판단과 부정 판단이 어떤 한 부분만 반대되는 판단이 됩니다.

이건 아주 당연한 일이겠지요?

전칭 판단은 모든 것을 가리키니까 그것을 부정하면 모든 것이 반대되지만, 특칭 판단은 어떤 한 부분만 가리키니까 그것을 부정하면 어떤 한 부분만 반대되는 것이지요.

마크 트웨인이 한 판단을 그림으로 살펴봅시다.

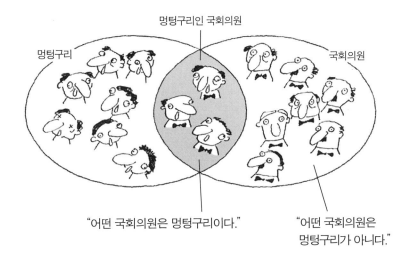

그림에서 보듯이, "국회의원 가운데 멍텅구리가 있다."는 사실은 조금도 달라지지 않았습니다. 그러니 결국 마크 트웨인은 자기 판단을 취소하지 않은 셈입니다.

마크 트웨인이 진짜 자기 판단을 취소하려 했다면 어떻게 말해야 했을까요?

그때는 이렇게 말해야 합니다.

"모든 국회의원은 멍텅구리가 아니다."

그렇게 말했다면 그림은 다음과 같이 됩니다.

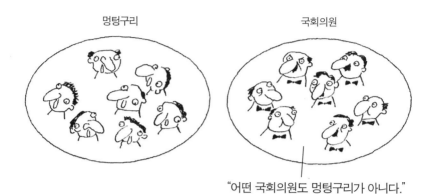

멍텅구리　　　　　　　　국회의원

"어떤 국회의원도 멍텅구리가 아니다."

　　그러니 국회의원들은 마크 트웨인에게 바로 이런 답변을 요구했어야 합니다. 만일 이렇게 요구하지 않았다면 국회의원들은 진짜 멍텅구리들인 셈이지요.

물속 동물과 물밖 동물

어떤 숲 속에 작은 연못이 있었습니다.

숲 속에는 뭍짐승 마을이 있었고, 연못 속에는 물고기 마을이 있었지요.

뭍짐승 마을과 물고기 마을은 원래 사이가 좋았습니다.

그런데 어느 여름날, 심한 가뭄이 들면서부터 그만 사이가 나빠지고 말았지요.

뭍짐승 마을에 있는 옹달샘과 우물이 가뭄 때문에 말라 버리자, 뭍짐승들은 연못 물을 퍼다가 빨래도 하고, 밥도 지어 먹었습니다.

그런데 물고기 마을에 사는 물고기들은 가뜩이나 연못 물이 줄어들어 걱정인 판국에, 뭍짐승들마저 연못 물을 퍼다 쓰자 퍽 못마땅했습니다.

이런 일 때문에 아웅다웅 다투다 보니, 비가 내려 가뭄이 끝난 뒤에도 여전히 사이가 나빠지게 되었지요.

그래서 뭍짐승들과 물고기들은 마을에 무슨 큰 잔치가 있어도 서로 초대도 하지 않고 저희들끼리만 놀곤 했습니다.

어느 날, 물고기 마을에서 잉어 할아버지 회갑 잔치가 열렸습니다.

물고기들은 숲 속에 있는 모든 동물들한테 알렸습니다.

물속에서 사는 동물들은 모두 잉어 할아버지 회갑 잔치에 오시오! 맛있는 음식을 많이 장만했습니다.

그건 뭍짐승들더러 오지 말라는 소리와 똑같았지요. 이 소식을 듣고 뭍짐승들은 물고기들을 더욱 괘씸하게 여겼습니다.

"흥! 그래, 맛있는 음식 많이 장만해서 배 터지게 먹어라! 그따위 잔치에는 오라고 빌어도 안 간다!"

"저희들끼리 잘 먹고 잘살아 보라지. 우리 뭍짐승들은 뭍짐승들끼리 놀자구!"

뭍짐승들은 이렇게 말하며, 만일 물고기 마을 잔치에 가는 뭍짐승이 있다면 마을에서 내쫓아 버리자고 결의했습니다.

그런데 연못가에 살고 있던 개구리 서방은 잔칫날이 되자, 도저히 참을 수가 없었습니다. 눈앞에 맛있는 음식으로 가득 찬 잔칫상이 오락가락했던 것이지요.

"그래, 따지고 보면 나도 엄연히 물속에서 사는 동물이 아닌가 말이야! 물속에 들어가지 않으면 잠시도 견딜 수가 없으니 말이야."

개구리 서방은 이렇게 중얼거리며 연못 속으로 퐁당 뛰어들었습니다.

그리고 잉어 할아버지 회갑 잔치에 가서 배가 터질 정도로 많이 얻어먹고 돌아왔습니다.

며칠 뒤, 뭍짐승 마을에서는 곰 서방네 아들 돌잔치가 열렸습니다.

뭍짐승들은 연못에 대고 소식을 알렸습니다.

물 밖에서 사는 동물들은 모두 곰 서방네 아들 돌잔치에 오시오! 맛있는 음식을 무진장 많이 장만했고, 집에 돌아갈 때 선물까지 줍니다.

그건 물고기들더러 들으라고 한 말이었습니다.

물고기들은 이 소식을 듣고 뭍짐승들에게 욕을 퍼부어 댔습니다.

"흥! 그까짓 숲 속 음식이 맛있어 봐야 얼마나 맛있겠어! 기껏해야 산나물에 나무 열매나 따 놓았겠지!"

"뭐? 선물까지 준다구? 그런다고 우리가 약올라 할 줄 알아? 여보게, 우리 물고기들은 물고기들끼리만 놀자구!"

물고기들은 이렇게 말하며 연못 속으로 쏙 들어가 버렸습니다.

그런데 연못가에 살고 있던 개구리 서방은 잔칫날이 되자, 또 궁리를 했습니다.

"가만있자…… 내가 비록 물속에 들어가지 않고는 견딜 수 없다 해도, 물속에 있는 시간보다 물 밖에 있는 시간이 더 많잖아? 그러니 나는 엄연히 물 밖에 사는 동물이지."

개구리 서방은 이렇게 중얼거리며 팔짝팔짝 뛰어 곰 서방네 아들 돌잔치에 갔습니다. 그리고 배가 터질 정도로 많이 얻어먹고는 선물까지 받아들고 돌아왔습니다.

얼마쯤 지나자, 뭍짐승 마을과 물고기 마을 어른들은 서로 만나 회의를 했습니다.

"우리가 이렇게 늘 서로 다투니 아이들 보기에도 좋지 않습니다."

"그래요. 이제 나쁜 감정은 풀어 버리고 옛날처럼 사이좋게 지냅시다."

"따지고 보면 그게 다 가뭄 때문에 생긴 일이니, 우리가 서로 미워할 이유가 없습니다."

"맞습니다. 그동안 우리가 너무 옹졸했어요."

뭍짐승 마을과 물고기 마을 어른들은 서로 사이좋게 지내기로 뜻을 모은 기념으로 큰 잔치를 열자고 했습니다.

그리고 숲 속과 연못에 모두 그 소식을 알렸습니다.

물 밖에서 살거나 물속에 사는 동물들은 모두 연못가로 모이시오! 통일 한마당 큰 잔치를 엽시다!

연못가에 살고 있던 개구리 서방도 이 소식을 들었습니다.

"물 밖에 살거나 물속에 사는 동물이라구? 헤헤헤, 그럼 나도 당연히 가야겠군."

개구리 서방은 폴짝폴짝 뛰어서 잔치판에 나갔습니다.

개구리 서방이 오는 모습을 보고 물고기들이 말했습니다.

"어서 오시오, 우리 물고기 친구!"

그 말을 듣고 뭍짐승들이 고개를 갸웃거렸습니다.

"뭐요? 물고기 친구라고요? 개구리 서방은 지난번 곰 서방네 돌잔치 때 뭍짐승이라며 왔던데……."

물고기들도 고개를 갸웃거렸습니다.

"그래요? 개구리 서방은 지난번 잉어 할아버지 회갑 잔치 때도 왔어요. 자기도 물고기라면서 말입니다."

뭍짐승들과 물고기들은 서로 마주 보며 고개를 끄덕거렸습니다.

"옳거니! 그러고 보니 개구리 서방은 우리 사이가 갈라진 틈에 이쪽에도 붙고 저쪽에도 붙어 제 배만 채우고 있었구면."

"요런 얌체 같으니! 개구리 서방 같은 얌체들은 잔치에 끼워주지 맙시다!"

"그래요! 그게 좋겠어요!"

뭍짐승들과 물고기들은 다시 잔치 소식을 알렸습니다.

물속에서도 살고 물 밖에서도 사는 동물만 빼놓고 모두 잔치에 오시오!

'그리고'와 '또는'

다음 두 판단을 자세히 살펴봅시다.

① 이 동물은 물속에서도 살고, 그리고 물 밖에서도 산다.
② 이 동물은 물속에서 살거나 또는 물 밖에서 산다.

두 판단이 비슷하게 보이지만 ①은 '그리고'로 이어져 있고, ②는 '또는'으로 이어져 있습니다.

판단에는 이렇게 '그리고'로 이어진 판단도 있고, '또는'으로 이어진 판단도 있습니다. '그리고'로 이어진 판단을 **연언 판단**, '또는'으로 이어진 판단을 **선언 판단**이라고 합니다.

이 두 판단은 서로 다르니까 주의해서 써야 합니다.

자, 만일 숲 속 동물들이 이렇게 말했다고 합시다.

"잔치에 올 수 있는 동물은 물속에서도 살고, 그리고 물 밖에서도 사는 동물이다."

이것은 '그리고'로 이어졌으니 연언 판단이지요? 그렇다면 어떤 동물이 잔치에 올 수 있는 동물인지 표를 보며 생각해 봅시다.

물 속에서	물 밖에서	물속에서도 살고, 물 밖에서도 사는 동물이다.	
산다	산다	그렇다	⇨ 잔치에 올 수 있다.
산다	안 산다	아니다	⇨ 잔치에 올 수 없다.
안 산다	산다	아니다	⇨ 잔치에 올 수 없다.
안 산다	안 산다	아니다	⇨ 잔치에 올 수 없다.

여기서 잔치에 올 수 있는 동물은 물속에서도 살고 물 밖에서도 사는 동물밖에는 없지요.

그렇다면 이번에는 숲 속 동물들이 이렇게 말했다고 합시다.

"잔치에 올 수 있는 동물은 물속에서 살거나 또는 물 밖에서 사는 동물이다."

이것은 '또는'으로 이어졌으니 선언 판단이지요? 그렇다면 이 때는 어떤 동물이 잔치에 올 수 있는지 표를 보며 생각해 봅시다.

물 속에서	물 밖에서	물속에서도 살고, 물 밖에서도 사는 동물이다.	
산다	산다	그렇다	⇨ 잔치에 올 수 있다.
산다	안 산다	그렇다	⇨ 잔치에 올 수 있다.
안 산다	산다	그렇다	⇨ 잔치에 올 수 있다.
안 산다	안 산다	아니다	⇨ 잔치에 올 수 없다.

이때는 물속에서도 안 살고 물 밖에서도 안 사는 동물만 빼놓고 모두 잔치에 올 수 있겠지요?

이렇게 '그리고'로 된 연언 판단은 '둘 다 맞아야 한다'는 판단이고, '또는'으로 된 선언 판단은 '둘 가운데 하나만 맞으면 된다'는 판단입니다.

자, 이제 '그리고'나 '또는'으로 된 판단이 어떻게 다른지 잘 구분할 수 있겠지요?

알아맞혀 보세요!

2 4 5 6 7 9 11 12 13 15

위의 숫자 가운데 다음 판단에 만족하는 숫자를 찾아보세요.

● 이 숫자는 짝수이거나 또는 3으로 나누어진다. [   ]
● 이 숫자는 짝수이고, 그리고 3으로 나누어진다. [   ]

권투, 수영, 씨름, 야구, 테니스, 마라톤, 탁구, 사격, 축구

위의 운동 가운데 다음 판단에 만족하는 운동을 찾아보세요.

- 이 운동은 두 선수가 하고, 그리고 공을 가지고 하는 운동이다. [   ]
- 이 운동은 두 선수가 하거나 또는 공을 가지고 하는 운동이다. [   ]

엉터리 점쟁이의 족집게 점

옛날, 어느 장터에 엉터리 점쟁이가 살고 있었습니다.

이 점쟁이는 자기 집 대문 앞에 이렇게 써 붙여 놓았습니다.

족집게 점 보는 데 1만 원!

점괘가 맞지 않으면 언제든지 돈을 되돌려 드리겠습니다.

장터에 모인 장사꾼들은 이 글을 읽고 너도나도 점을 보러 모여들었습니다.

"뭐? 점괘가 틀리면 돈을 돌려준다구? 그럼 '밑져 봐야 본전'인 셈이로군. 까짓것 한번 보지 뭐."

"그래, 오늘 장사가 잘돼서 돈을 벌지 못 벌지 한번 보자구."

맨 먼저 그릇 장수가 점을 봤습니다.

만일 동쪽에서 온 사람을 만난다면 돈을 벌겠어.

점쟁이는 중얼중얼 주문을 외우는 척하더니, 그릇 장수한테 이렇게 말했습니다.

"옳거니! 만일 동쪽에서 온 사람을 만난다면, 돈을 벌겠어."

그릇 장수는 그 말을 믿고, 점 본 값을 치르고 돌아갔습니다.

곧이어 엿장수가 점을 보러 왔습니다.

점쟁이는 중얼중얼 주문을 외우는 척하더니, 똑같이 말했습니다.

"옳거니! 만일 동쪽에서 온 사람을 만난다면, 돈을 벌겠어."

엿장수도 그 말을 믿고 돌아갔습니다.

그다음에는 떡 장수가 점을 보러 찾아왔습니다.

점쟁이는 이번에도 똑같이 말했습니다.

"옳거니! 만일 동쪽에서 온 사람을 만난다면, 돈을 벌겠어."

떡 장수도 그 말을 믿고 돌아갔습니다.

이번에는 고기 장수가 찾아왔습니다.

점쟁이는 고기 장수한테도 똑같이 말했습니다.

"옳거니! 만일 동쪽에서 온 사람을 만난다면, 돈을 벌겠어."

고기 장수도 그 말을 믿고 돌아갔습니다.

결국 점쟁이는 그릇 장수, 엿장수, 떡 장수, 고기 장수한테 똑같은 점괘를 말한 것이지요.

그런데 그날 저녁, 그릇 장수가 싱글벙글 웃으며 점쟁이를 찾아왔습니다.

"정말 고맙습니다. 점괘대로 제가 오늘 동쪽에서 온 사람을 만나 큰돈을 벌었지 뭡니까."

점쟁이는 껄껄껄 웃으며 말했습니다.

"어떻소? 내 점괘가 정말 딱 들어맞지요?"

"예, 예, 정말 족집게처럼 딱 집어내시는군요."

그릇 장수가 돌아가자, 이번에는 엿장수가 씩씩거리며 찾아왔습니다.

엿장수는 다짜고짜 점쟁이한테 따졌습니다.

"이게 어떻게 된 노릇이오? 나는 오늘 분명히 동쪽에서 온 사람을 만났는데도 돈을 벌지 못했단 말이오. 당신 점괘는 엉터리

185

야!"

점쟁이는 입맛을 쩝쩝 다시며 말했습니다.

"거참, 이상한 일이군. 미안하게 되었소. 자, 점괘가 틀렸으니 약속대로 돈을 돌려드리리다."

점쟁이는 엿장수한테 순순히 돈을 돌려주었습니다.

엿장수가 나가자, 이번에는 떡 장수가 찾아와 따졌습니다.

"나도 오늘 돈을 벌지 못했어요! 그러니 돈을 돌려주세요!"

점쟁이는 고개를 갸웃거리다가 물었습니다.

"그런데 동쪽에서 온 사람을 만나기는 만났소?"

떡 장수는 머리를 긁적거리며 말했습니다.

"아니오. 동쪽에서 온 사람은 못 만나고, 남쪽에서 온 사람들만 만났지요."

점쟁이는 그 말을 듣고 버럭 소리를 질렀습니다.

"예끼, 여보슈! 내가 동쪽에서 온 사람을 만나면 돈을 번다고 말했지, 언제 남쪽에서 온 사람을 만나면 돈을 번다고 했소? 내 점은 딱딱 맞는 족집게 점이야!"

떡 장수는 아무 말도 못하고 돌아갔습니다.

그다음에는 마지막으로 고기 장수가 들어왔습니다.

"나는 오늘 돈을 벌기는 벌었는데, 동쪽에서 온 사람이 아니라 북쪽에서 온 사람을 만나서 돈을 벌었어요. 그러니 점괘가 틀린 것 아닙니까?"

점쟁이는 어이없다는 듯이 혀를 끌끌 찼습니다.

"이 답답한 양반아! 내가 동쪽에서 온 사람을 만나면 돈을 번다고 했지, 언제 북쪽에서 온 사람을 만나면 돈을 번다고 했나? 내가 그렇게 말했어? 엉?"

듣고 보니 점쟁이 말이 맞는지라 고기 장수는 고개를 끄덕이며 돌아갔습니다.

모두들 돌아가자, 점쟁이는 낄낄낄 웃으며 중얼거렸습니다.

"거참, 돈 벌기 참 쉽군그래. 네 사람한테 똑같은 점괘를 말해 줘도, 네 사람 가운데 세 사람은 점괘가 맞아떨어지게 돼 있으니 말이야. 사만 원 받고 만 원 되돌려 줬으니, 삼만 원 벌었군. 히히히!"

도움말   조건 판단 ① 만일 ……이라면

점쟁이는 다음과 같이 말했습니다.

"만일 동쪽에서 온 사람을 만난다면, 돈을 벌 것이다."

여기서 '만일 ……이라면'은 어떤 조건을 나타내는 말입니다. 예를 들어 여러분이 친구한테 이렇게 말했다고 합시다.

"만일 공책을 빌려 준다면, 나는 너한테 빵을 사 주겠어."

이 말은 '빵을 사 주는' 조건으로 '공책을 빌려 달라'고 한 말이지요? 이처럼 '만일 ……이라면'은 '조건에 따라서 어찌어찌 하다'는 판단을 나타냅니다.

이렇게 '만일 ……이라면'처럼 조건을 담고 있는 판단을 **조건 판단**이라고 합니다.

점쟁이는 이런 조건 판단을 교묘하게 이용해서 돈을 번 것이지요. 자, 어떻게 했는지 다시 살펴볼까요?

"만일 동쪽에서 온 사람을 만난다면, 돈을 벌 것이다."에서 나올 수 있는 경우는 다음 네 가지뿐입니다.

① 동쪽에서 온 사람을 만났고, 돈을 벌었다.
② 동쪽에서 온 사람을 만났는데도 돈을 못 벌었다.
③ 동쪽에서 온 사람을 못 만났고, 돈을 벌었다.
④ 동쪽에서 온 사람을 못 만났고, 돈을 못 벌었다.

그런데 이때 "점괘가 틀렸다."고 말할 수 있는 경우는 오직 ② 번 "동쪽에서 온 사람을 만났는데도 돈을 못 벌었다."뿐입니다.

앞에서 보다시피 나머지 ①, ③, ④번의 경우 "점괘가 틀렸다."고 주장할 수 없습니다.

그러니 '만일 ……이라면'으로 된 조건 판단을 쓰면, 어떤 점괘를 둘러대어도 적어도 4분의 3은 맞히는 셈이 되지요.

그래서 점쟁이는 "점괘가 틀리면 돈을 되돌려 준다."고 약속을 하고도 돈을 벌 수 있었던 것입니다. 점괘가 틀릴 가능성은 고작 4분의 1밖에 안 되니까요.

자, 여러분도 잘 알아 두세요.

'만일 □라면 △이다.'의 조건 판단에서 거짓이 되는 경우는 오직 '□인데도 △가 아니다.'뿐이랍니다.

알아맞혀 보세요!

"만일 점괘가 틀린다면, 돈을 되돌려 준다."

자, 점쟁이는 또 이런 약속을 내걸었습니다. 그렇다면 다음 네 가지 가운데 어떤 경우에 "점쟁이가 약속을 어겼다."고 말할 수 있을까요?

① 점괘가 틀려서 돈을 되돌려 주었다.
② 점괘가 틀렸는데도 돈을 되돌려 주지 않았다.
③ 점괘가 맞았고, 돈을 되돌려 주었다.
④ 점괘가 맞아서 돈을 되돌려 주지 않았다.

"만일 떡 하나 준다면, 안 잡아먹겠다."

떡 장수 아주머니가 고개를 넘어가는데, 호랑이가 나타나 이렇게 말했답니다. 다음 네 가지 가운데 어떤 경우에 "호랑이가 거짓말을 했다."고 말할 수 있을까요?

① 떡 하나 주어서 안 잡아먹었다.
② 떡 하나 주었는데도 잡아먹었다.
③ 떡을 안 주었고, 안 잡아먹었다.
④ 떡을 안 주어서 잡아먹었다.

사치를 금지하는 법률

옛날, 헨리 4세라는 왕이 영국을 다스릴 때 일입니다.

헨리 4세는 자기 친아들일지라도 법을 어기면 감옥에 보낼 정도로 법을 엄격하게 지키는 왕이었답니다.

그런데 그 무렵에는 귀족들의 사치가 몹시 심했습니다. 목걸이, 팔찌, 반지, 귀고리 할 것 없이 황금과 보석을 온몸에 두르고 다니다시피 했으니까요.

왕은 이것을 보고, 귀족들의 사치 때문에 나라가 망할지도 모른다고 생각했습니다. 그래서 사치를 금지하는 법률을 만들어 발표했습니다.

"보석 장신구를 달고 다니는 사람은 벌을 받을 것이다."

그러나 사치는 조금도 줄어들지 않았습니다.

워낙 권세가 좋은 귀족들이다 보니, 보석 장신구를 달고 다녀도 그리 큰 벌을 받지 않았습니다. 기껏해야 벌금을 무는 정도

였는데, 귀족들은 그쯤이야 아주 우습게 여겼지요.

왕은 얼마 가지 않아 이런 법이 아무 쓸모 없다는 사실을 깨달았지요.

"어쩌면 좋을까? 무슨 좋은 방법이 없을까?"

왕은 오랫동안 고민한 끝에 좋은 꾀를 하나 떠올렸습니다.

"옳지! 좋은 수가 있어. 그렇게 하면 되겠군."

왕은 사치를 금지하는 법률 밑에 조건을 하나 달았습니다.

"보석 장신구를 달고 다니는 사람은 벌을 받을 것이다."

(단, 오직 멍텅구리만이 보석 장신구를 달고 다닐 수 있다.)

왕의 꾀는 아주 제대로 맞아떨어졌습니다.

이 법률이 나온 다음부터 사람들은 화려한 보석 장신구를 달고 다니는 귀족들을 보면 손가락질을 하며 이렇게 외쳤습니다.

"하하하! 저 여자 좀 봐! 루비 목걸이를 하고 있잖아? 아마 저 여자는 멍텅구리인가 보지?"

"정말 그렇군. 게다가 손가락마다 다이아몬드 반지까지 끼었잖아? 멍텅구리도 아주 지독한 멍텅구리인 모양이야. 하하하!"

"그 옆에 있는 남자도 보석 반지를 끼고 있군. 저 남자도 멍텅구리인가 봐. 하하하!"

이러니 귀족들은 창피해서 더 이상 보석 장신구를 달고 다닐 수가 없었습니다. 장신구를 달고 다니다가는 꼼짝없이 멍텅구리 취급을 당할 게 뻔했으니까요.

이 법률 덕분에 귀족들의 사치는 크게 줄어들었다고 합니다.

도움말 **조건 판단 ② 오직 ⋯⋯만이**

왕의 꾀가 멋지게 맞아떨어졌지요?

왕은 사치를 금지하는 법률 밑에 다음과 같은 조건을 달았습니다.

"오직 멍텅구리만이 보석 장신구를 달고 다닐 수 있다."

이때 '오직 ……만이'라는 말을 썼지요? 이것도 조건 판단입니다.

조건 판단에는 '만일 ……이라면'뿐만 아니라, '오직 ……만이'로 된 것도 있습니다.

이 판단은 '만일 ……이라면'으로 된 판단으로 바꾸어 쓸 수 있습니다. 어떻게 바꾸어 쓰면 될까요?

새로운 법률이 나오자, 사람들은 보석 장신구를 달고 다니는 사람만 보면 놀렸지요? 사람들은 바로 이렇게 판단한 것입니다.

"만일 보석 장신구를 달고 다닌다면, 멍텅구리이다."

그래요. "오직 멍텅구리만이 보석 장신구를 달고 다닐 수 있다."는 결국 "만일 보석 장신구를 달고 다닌다면, 멍텅구리이다."와 똑같은 뜻이지요.

그러므로 '오직 △만이 □이다.'는 '만일 □라면 △이다.'로 바꾸어 쓸 수 있답니다.

주의하세요! '오직 △만이 □이다.'를 '만일 △라면 □이다.'로 바꾸어 쓰면 전혀 엉뚱한 판단이 되고 맙니다.

다음은 '오직 ……만이'로 된 조건 판단을 '만일 ……이라면'으로 된 조건 판단으로 바꾼 것입니다. ①과 ② 가운데 어느 쪽이 제대로 바꾼 것일까요? 또 어째서 그런지 이유를 대 보세요.

- 오직 남자만이 턱수염을 달고 있다.
  ⇨ ① 만일 남자라면, 턱수염이 난다.
  　② 만일 턱수염이 난다면, 남자이다.

- 오직 네 변의 길이가 같은 사각형만이 정사각형이다.
  ⇨ ① 만일 네 변의 길이가 같다면, 정사각형이다.
  　② 만일 정사각형이라면, 네 변의 길이가 같다.

귀띔말 마름모의 경우는 어떤지 생각해 보세요.

알아맞혀 보세요 **해설**

일곱 번째 이야기

빛 감각, 색 감각, 피부 감각의 도움을 받지 않고는 "아! 이 하얀 강아지는 털이 정말 부드러워." 하고 생각할 수 없겠지요?

이처럼 우리가 어떤 생각을 할 때는 오직 한 가지 감각의 도움만을 받는 것이 아니라, 여러 가지 감각들의 도움을 받습니다.

감각은 생각의 바탕이 되기 때문에 감각기관에 장애가 생긴 사람은 생각을 하는 데에도 큰 장애를 받게 된답니다.

미국의 사회사업가 헬렌 켈러는 어렸을 때 큰 병을 앓아 듣지도 보지도 말하지도 못하는 장애자가 되고 말았답니다. 그래서 일곱 살 때까지는 짐승과 다름없는 생활을 했지요.

그때 설리번이라는 가정교사가 와서 피부 감각으로 주변 물체를 가름하도록 교육을 시켰답니다. 그제야 헬렌 켈러는 생각하는 힘이 생겼고, 공부도 할 수 있게 되었대요.

이처럼 어렸을 때 어떤 감각기관에 장애가 생기면, 얼른 다른 감각기관의 도움을 받아 교육받을 수 있어야 합니다. 그냥 내버려 두면 영영 생각 활동을 제대로 할 수 없는 정신 장애자가 되고 맙니다.

감각은 생각의 바탕이 된다는 사실, 그리고 우리가 어떤 생각을 할 때는 여러 가지 감각들이 함께 작용한다는 걸 알아 두세요.

여덟 번째 이야기

어떤 사물을 비교할 때는 그 사물에 대한 지식이 많을수록 더욱 정확하게 비교할 수 있답니다.

'도시 어린이'와 '농촌 어린이'를 비교하여 닮은 점과 다른 점을 꼽아 보려면, 먼저 도시 어린이는 어떤 생활을 하고 있고 농촌 어린이는 어떤 생활을 하고 있는지 잘 알고 있어야겠지요?

"농촌 어린이는 머리에 뿔이 안 달렸지만, 도시 어린이는 머리에 뿔이 달렸다."

이런 식으로 비교하면 순 엉터리가 되고 말겠지요?

정답은 가르쳐 주지 않겠어요. 여러분 스스로 도시 어린이와 농촌 어린이가 어떤 생활을 하고 있는지 많이 알아보세요. 그러면 닮은 점과 다른 점을 다섯 가지 꼽는 일쯤은 "누워서 떡 먹기"로 할 수 있답니다.

다른 문제들도 마찬가지입니다.

열 번째 이야기

답은 정해져 있지 않습니다. 여러분이 여러 가지 기발한 착상을 떠올려 묶어 보세요.

다음과 같은 착상은 어떨까요?

두 묶음으로 묶을 때

늑대인 동물 : 늑대

늑대가 아닌 동물 : 독수리, 갈치, 나비, 다람쥐, 닭

네 묶음으로 묶을 때

이름이 ㄱ으로 시작하는 동물 : 갈치, 금붕어, 고래

이름이 ㄴ으로 시작하는 동물 : 늑대, 나비

이름이 ㄷ으로 시작하는 동물 : 독수리, 다람쥐, 닭

이름이 ㅁ으로 시작하는 동물 : 문어, 모기, 멸치

어때요? 기발하지요?

여러분도 좋은 착상을 많이 떠올려 보세요(다만 어떤 척도로 묶었는지는 꼭 밝혀야 합니다).

열세 번째 이야기

같은 개념 : 〈박수–손뼉〉, 〈빵점–영점〉

다른 개념 : 〈군인인 헌병–낡은 병 헌 병〉, 〈병을 고치는 의사–마음먹은 생각 의사〉, 〈모자를 쓰다–종이를 쓰다–글씨를 쓰다–맛이 쓰다〉

열네 번째 이야기

다음 그림을 보며 한 번 더 생각해 보세요.

모가 없는 모양

타원

완전한 원

열다섯 번째 이야기

① 양수인 수 : 1, 2
② 음수가 아닌 수 : 0, 1, 2
③ 음수인 수 : −1, −2
④ 양수가 아닌 수 : 0, −1, −2

이것을 보면 "양수는 음수가 아닌 수이다."라거나 "음수는 양수가 아닌 수이다." 하고 말할 수는 없겠지요?

양수와 음수는 '반대되는 개념'입니다. 양수와 '모순 되는 개념'은 그냥 음수가 아니라 '양수가 아닌 수', 곧 '0과 음수'입니다.

열일곱 번째 이야기

"슬기가 어디가 예쁘냐?"는 슬기 얼굴 가운데 어떤 부분이 예쁜가를 묻는 질문일 수도 있습니다.

하지만 보통 "슬기는 예쁘지 않다."는 판단을 좀 더 강조해서 말할 때 이런 식으로 말하기도 합니다.

또 "뻥이야!"는 감탄을 나타내는 말이 아니라, "내 말은 거짓말이다."라는 판단을 담고 있습니다. ("뻥이야!" 같은 말은 상대를 깔보는 듯한 느낌을 주니까 되도록 안 쓰는 편이 좋겠지요?)

강도가 칼을 들이대며 말한다면 아무리 깍듯이 말해도 결국은 "돈 내놔!" 하고 명령하는 말에 지나지 않을 것입니다.

또 친구 어머니가 "벌써 밤이 늦었다."고 말했는데도 "맞아요. 정말 밤이 늦었어요." 하고 대답하고는 여전히 집에 갈 생각을 하지 않는다면, 그건 눈치 없는 행동이 되겠지요? 친구 어머니는 "이제 그만 집에 가라!"고 말한 것이나 다름없으니까요.

우리는 일상생활에서 이런 식의 말들을 많이 쓰지만, 논리에서까지 이런 식의 말을 쓰면 안 됩니다.

논리에서 "벌써 밤이 늦었다."고 말했다면, 그것은 어디까지나 '밤이 늦었느냐, 안 늦었느냐'를 따지는 판단을 나타낼 뿐이지요.

스무 번째 이야기

- 어떤 반짝이는 것은 금이 아니다. (특칭 판단)
- 어떤 사람은 뱀을 애완동물로 기른다. (특칭 판단)
- 모든 어린이는 나라의 보배이다. (전칭 판단)
- 모든 폭력 만화는 해롭다. (전칭 판단)

스물세 번째 이야기

다음 그림을 보며 한 번 더 생각해 보세요.

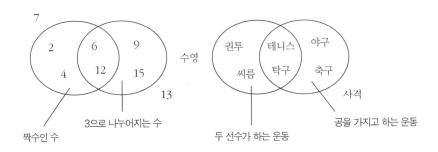

203

스물네 번째 이야기

"만일 점괘가 틀린다면, 돈을 되돌려 준다."라는 조건 판단에서 "점쟁이가 약속을 어겼다."고 말할 수 있는 경우는 '점괘가 틀렸는데도 돈을 되돌려 주지 않은 경우'뿐입니다.

① '점괘가 틀려서 돈을 되돌려 준 경우'는 약속을 분명히 지킨 것이지요?

③ '점괘가 맞았고, 돈을 되돌려 준 경우'와 ④ '점괘가 맞아서 돈을 되돌려 주지 않은 경우'는 좀 알쏭달쏭하지만, 딱히 "약속을 어겼다."고 말할 수는 없습니다.

점괘가 맞았을 때 어떻게 할지는 약속하지 않았으니, 돈을 되돌려 주든 말든 그건 점쟁이 마음입니다.

마찬가지 이치로 "만일 떡 하나 준다면, 안 잡아먹겠다."는 조건 판단에서 "호랑이가 거짓말을 했다."고 말할 수 있는 경우는 ② '떡을 하나 주었는데도 잡아먹은 경우'뿐입니다.

좀 더 곰곰이 생각해 보세요.

스물다섯 번째 이야기

"오직 남자만이 턱수염이 난다."는 ② "만일 턱수염이 난다면, 남자이다."와 같은 판단입니다.

이 판단이 어떤 조건에서 참이 되고 어떤 조건에서 거짓이 되는지는 '이야기로 익히는 논리 학습 시리즈' 2권 『논리야, 놀자』 109쪽과 110쪽 그림을 잘 살펴보세요.

마찬가지 이치로 "오직 네 변의 길이가 같은 사각형만이 정사각형이다."는 ② "만일 정사각형이라면, 네 변의 길이가 같다."와 같은 판단입니다.

마름모는 '네 변의 길이가 같은 사각형'이지만, 정사각형은 아니지요?

"오직 네 변의 길이가 같은 사각형만이 정사각형이다."는 판단을 ① "만일 네 변의 길이가 같은 사각형이라면, 정사각형이다."는 판단과 똑같다고 착각하면, 마름모도 정사각형인 셈이 되어 버립니다. 주의하세요.

이야기로 익히는 논리 학습 ❶

반갑다, 논리야

1992년 12월 15일 1판 1쇄
1994년 1월 10일 2판 1쇄
2002년 4월 15일 3판 1쇄
2022년 7월 20일 3판 27쇄
2023년 3월 30일 4판 1쇄
2024년 4월 30일 4판 3쇄

글쓴이 위기철
그린이 김우선

편집 최옥미, 최일주 **마케팅** 이병규, 양현범, 이장열, 김지원 **홍보** 조민희 **제작** 박흥기
출력 한국커뮤니케이션 **인쇄** 천일문화사 **제책** J&D바인텍

펴낸이 강맑실 **펴낸곳** (주)사계절출판사 **등록** 제 406-2003-034호
주소 (우)10881 경기도 파주시 회동길 252 **전화** 031)955-8588, 8558
전송 마케팅부 031)955-8595 | 편집부 031)955-8596 **홈페이지** www.sakyejul.net
전자우편 skj@sakyejul.com **블로그** blog.naver.com/skjmail
인스타그램 instagram.com/sakyejulkid **페이스북** facebook.com/sakyejulkid

© 위기철, 1992

ISBN 979-11-6981-113-2 03170
     979-11-6981-123-1 (세트)